Wunschgewicht und Wohlbefinden mit Energy-Hypnose und EMDR

von

Dr. Claus Wunderlich

Wichtiger Hinweis:
Der Autor hat bei der Erstellung des Buchs die größtmögliche Sorgfalt walten lassen, um Missverständnisse und Fehler zu vermeiden. Dennoch können diese nie völlig ausgeschlossen werden. Die Verwendung der vorgestellten Methoden in all ihren Facetten liegt in der alleinigen Verantwortung des Anwenders. Es kann nicht ausgeschlossen werden, dass Teile dieses Buchs missverstanden werden, oder der Einsatz eines der vorgestellten Verfahren eine ungewünschte Reaktion bewirkt. Eine Mitverantwortung oder Haftung des Autors oder des Verlags bestehen auch dann nicht, wenn sich ausdrücklich auf die Darstellungen in diesem Buch bezogen wird. Vor der Durchführung der in diesem Buch beschriebenen Verfahren und Methoden ist eine Abklärung der individuellen Geeignetheit und Unbedenklichkeit durch einen approbierten Mediziner unerlässlich. In keinem Fall ersetzen die in diesem Buch gemachten Angaben eine medizinische Untersuchung oder Behandlung. Insbesondere bei Vorliegen körperlicher oder psychischer Beschwerden wird ausdrücklich auf eine sofortige medizinische Untersuchung und Behandlung bei einem zugelassenen Arzt oder Therapeuten verwiesen. Ferner wird hingewiesen auf die Bundesärzteordnung (BÄO), das Gesetz über die berufsmäßige Ausübung der Heilkunde ohne Bestallung (HeilprG) sowie das Gesetz über die Berufe des Psychologischen Psychotherapeuten und des Kinder- und Jugendlichenpsychotherapeuten (PsychThG). Die genaue Kenntnis und Beachtung der aktuell insgesamt gültigen Rechtslage obliegen ausschließlich dem Anwender.

> Die Deutsche Nationalbibliothek verzeichnet diese Publikation in der Deutschen Nationalbibliografie; detaillierte bibliographische Daten sind im Internet unter http://dnb.d-nb.de abrufbar.

© 2015 Alle Rechte vorbehalten.

Das Werk, einschließlich aller seiner Teile, ist urheberrechtlich geschützt. Jedwede Verwertung ist ohne Zustimmung des Verlags und des Autors unzulässig. Dies gilt insbesondere für die elektronische oder sonstige Vervielfältigung, Übersetzung, Verbreitung und öffentliche Zugänglichmachung; dies betrifft auch die Verwendung in Seminaren, Publikationen oder auf Webseiten.

Autor und Titelbild: Dr. Claus Wunderlich

Herstellung und Verlag: BoD - Books on Demand, Norderstedt

ISBN 9783735780379

www.energy-hypnose.de

Inhalts-Verzeichnis

	Seite
Einführung mit Ausblick	1
1. Ungeahnte Energie mit Trance	8
1.2. Vorgespräch mit Hintergrund	9
1.3. Hinein mit Feingefühl	11
1.4. Suggestionen mit Kraft	15
1.4.1. Vorsätze mit Struktur	15
1.4.2. In die Zukunft mit Ressourcen	19
1.4.3. Neuer Weg mit sechs Schritten	26
1.4.4. Angstfrei mit Turbo	30
1.5. Vertiefung mit Dynamik	37
1.6. Zurück mit Sicherheit	39
1.7. Fragen mit Bogen	40
1.8. Do-it-yourself mit Hypnose	43
2. Freie Sicht mit EMDR-Augenbewegungen	47
2.1. Epiphänomene mit Vernebelungsgefahr	50
2.2. Traumata mit Folgen	57
2.3. Testen mit Muskelkraft	58
2.4. Eine Methode mit zwei Namen	64
2.5. Finale mit Abwechslung	77
Schlusswort mit Perspektive	82
Anhang mit Literatur	83

Fallgeschichten-Verzeichnis

Seite

Jean - Scheitern mit Ankündigung 4

Michael - Abnehmen mit Sicherheitsnetz 23

Karl - Visualisieren mit zu viel Gründlichkeit 34

Manuela - Erfolg mit Einschränkungen 47

Petra - Grießbrei mit Grauen (Teil 1) 62

Helga - Enttäuschung mit gewichtigen Konsequenzen 73

Petra - Grießbrei mit Grauen (Teil 2) 80

Tabellen-Verzeichnis

Seite

Tabelle 1: Trance-Stufen 14

Abbildungs-Verzeichnis

Seite

Abbildung 1: Ziele-Kriterien 19

Abbildung 2: Trauma - der Blitzschlag ins Gehirn 54

Abbildung 3: Traumata und Folgewirkungen 56

Abbildung 4: Belastungs-Skala 70

Abbildung 5: EMDR-Bewegungen 71

Abbildung 6: EMI-Bewegungen 71

Einführung mit Ausblick

Eine weitere Anleitung zum Thema 'Abnehmen'?

Ja, in der Tat erfahren Sie in diesem Buch, wie Sie Ihr Traumgewicht erreichen können. Doch mein Anliegen geht darüber weit hinaus. Wie Ihnen der Titel bereits nahelegt, ist das Ziel nicht mehr und nicht weniger, als Sie dabei zu unterstützen, ein glückliches und zufriedenes Leben voller Begeisterung für jeden neuen Tag führen zu können. Dass es dabei eine wichtige Rolle spielt, sich im eigenen Körper wohlzufühlen, brauche ich Ihnen sicherlich nicht extra darzulegen. Meine Erfahrungen aus zahlreichen therapeutischen Begegnungen haben mir stets aufs Neue bewiesen, dass die Wechselwirkungen zwischen Leib und Seele sehr viel intensiver sind, als es die meisten Menschen wahrhaben möchten. Lassen Sie mich exemplarisch auf das weit verbreitete Verhalten hinweisen, Verstimmungen mit gesteigerter, schmackhafter Kalorienaufnahme zu kurieren. Die Folge ist nicht selten Gewichtszunahme, die ihrerseits auf die Stimmung drückt. So vordergründig der damit in Gang gesetzte Teufelskreis ist, so schwierig ist es für die Betroffenen, sich aus diesem wieder zu befreien, sobald sie sich erst einmal darin verfangen haben. Allein schon dieses alltägliche und scheinbar triviale Beispiel demonstriert Ihnen den Kern des Problems, dessen vielschichtige Dimensionen wir im Laufe der Lektüre durchleuchten werden. Dabei werden in jedem Kapitel Fallgeschichten die Zusammenhänge in unterhaltsamer und anschaulicher Form illustrieren.

Inzwischen hat es sich herumgesprochen, dass seelische Zufriedenheit und körperliches Wohlbefinden Hand in Hand gehen. Aus diesem Grund lernen Sie umfassend die beiden besten Verfahren und Methoden kennen, um energetische Blockaden sowie weit zurückliegende Verstrickungen auflösen zu können: Energy-Hypnose und EMDR. Ich arbeite damit seit langem und konnte dabei immer wieder feststellen, dass bei vielen Menschen verdrängte Erlebnisse und das daraus resultierende Selbstbild das eigentliche Hemmnis bilden, um die gewünschten Körperproportionen zu erreichen und - was fast noch öfter die zentrale Schwierigkeit darstellt - diese dauerhaft behalten zu können. Denn solange tief im Unbewussten vergrabene Motive und Bedürfnisse vorhanden sind, werden diese zeitlebens stärker sein als jedes Ziel, das durch den bewussten Verstand festgelegt wird. An genau dieser Stelle setzen die beiden Techniken an, so dass fortan keine Selbstsabotage mehr stattfindet.

An dieser Stelle komme ich um ein deutliches Wort der Warnung nicht herum. Wie bereits angedeutet, sind wir selbst meist unser wichtigster und mächtigster Kontrahent, wenn es um individuellen Veränderungsprozessen geht. Oft erkennt man die zugrundeliegenden Mechanismen bei anderen sehr deutlich, wähnt sich selbst jedoch dagegen gefeit, denn man möchte sich ja weiter entwickeln und die gesteckten Ziele realisieren. Lassen Sie mich daher aus meiner praktischen Erfahrung als Berater und Therapeut berichten, welche Klippen es zu umschiffen gilt.

In jedem Bereich, der mit dem Verwirklichung neuer Herausforderungen zu tun hat, sind es ganz unterschiedliche Motive, die eine Person dazu veranlassen, Hilfestellung und Unterstützung zu suchen, gleichgültig, ob in Form von professionellem Coaching oder mithilfe von literarischen Ratgebern. Sogar im Freundes- und Bekanntenkreis wird jeder von uns immer wieder mit Situationen konfrontiert, anderen mit gutem Rat und noch besserer Tat zur Seite stehen zu wollen. Hier wie dort ist es daher von entscheidender Bedeutung, ob und welcher Form Unterstützung eigentlich gefragt ist. Dass keine Therapie ohne Auftrag erfolgen sollte, ist inzwischen hinlängliche bekannt. Dies gilt selbstverständlich auch in einem noch sehr viel umfassenderen Sinn dergestalt, dass Hilfe, Empfehlungen und Beistand nur dann angebracht sind, wenn diese tatsächlich erbeten worden sind. Vor allem selbsternannten Gutmenschen und anderen Personen mit Helfersyndrom ist dieser eherne Grundsatz oft ebenso schwer zu vermitteln wie die altbekannte Weisheit, dass Ratschläge eben häufig auch nur Schläge sind, und 'gut gemeint' meist das exakte Gegenteil von 'gut' darstellt. Vom sprichwörtlichen Weg in die Hölle, der bekanntlich mit den besten Absichten gepflastert ist, mal ganz zu schweigen.

Doch selbst bei explizit erklärter Bitte um Unterstützung muss ich immer genau hinschauen, mit wem ich es zu tun habe, egal ob privat oder beruflich. Zunächst einmal, und das ist glücklicherweise doch der Regelfall, wünschen in erster Linie solche Personen Beratung, die ein konkretes Problem oder Anliegen haben, bei dem sie alleine nicht so recht weiter kommen. Ihnen ist meist recht deutlich klar, welches Ergebnis sie erreichen möchten, oder zumindest, welche Form von Kooperation sie erwarten. Vor allem erweisen sich solche Menschen in der Interaktion als sehr interessiert und offen gegenüber selbst eher unorthodoxen Vorschlägen und Anregungen. Dies bedeutet natürlich nicht, dass unreflektiert alles mitgemacht wird, sondern dass zunächst sehr bewusst und intensiv abgewogen wird, was sinnvoll erscheint.

Denn natürlich passt nicht jeder mögliche Ansatz und alle denkbaren Wege auch gleichermaßen für jeden.

Deutlich herausfordernder gestaltet sich die Zusammenarbeit dann, wenn derjenige gar nicht so recht aus eigenem Antrieb den Weg zum Coach oder Berater gesucht und gefunden hat. Oft sind es nörgelnde Partner, die solange gedrängt haben, bis schließlich klein beigegeben wurde. Der Anstoß kann aber auch von Freunden, Vorgesetzten und Eltern kommen, oder sogar von Ärzten und staatlichen Institutionen. Meist wird das schnell deutlich, denn in aller Regel wird das auch gleich zu Beginn artikuliert, indem etwas gesagt wird wie: "Meine Frau schickt mich.", "Mein Vater hat gesagt, ich soll mich mal beraten lassen.", "Mein Freund findet mich zu dick.", "Der Chef kommt mit mir so nicht mehr klar.", "Mein Arzt sagt, ich müsse mit dem Rauchen aufhören". Die Frage, die sich in diesen Fällen stellt, ist natürlich, ob unter solchen Voraussetzungen mit nennenswertem Erfolg gerechnet werden kann. Ganz abgesehen davon, dass im Grunde auch kein wirklicher Therapieauftrag seitens der Person besteht, die vor einem sitzt. Nun könnte man zwar so dreist sein und bitten, den eigentlichen Auftraggeber, also die Frau, den Vater, den Freund, den Chef oder den Arzt, vorbei zu schicken, denn offenbar haben ja die das eigentliche Problem. Doch Sie können mir glauben, dass diese Art von Humor nur bei den wenigsten wirklich gut ankommt.

Die meiner Meinung nach beste Möglichkeit ist, frühzeitig sehr direkt zu explorieren: "Nun gut, Person XY möchte dies. Was genau möchten jedoch Sie?". Aus der Antwort lässt sich meist gut einschätzen, welches weitere Vorgehen wirklich Sinn hat. Es kann durchaus sein, dass sie als Reaktion bekommen: "Ja, ich hab da eigentlich gar kein großes Bedürfnis, aber da es XYs Wunsch ist, und weil ich nun schon mal da bin, versuchen wir halt mal was.". Hier ziehe ich durchaus guten Gewissens in aller Gelassenheit ein Standardprogramm durch und nehme das Geld. Allerdings mit deutlich heruntergeschraubtem Anspruch, großen Erfolg erzielen zu können. Heißt es aber unverhohlen: "Ich will so bleiben, wie ich bin!", dann ziehe ich es für meinen Teil jedenfalls vor, keine weiteren Mühen und Nerven aufzuwenden. Indes stets mit dem Hinweis, dass die Zeit eben noch nicht reif sei, was sich jedoch irgendwann ändern könne. Man weiß ja nie.

Prinzipiell kann ein Treffen mit solchen, auch 'Besucher' genannten Klienten durchaus nett und für beide Beteiligten vergnüglich verlaufen. Doch es gibt noch eine weitere Kategorie, die weit weniger unproblematisch und obendrein auch nicht ganz so leicht auszumachen ist wie die von Dritten veranlassten Besucher. Für diesen letzten Personenkreis gibt es verschiedene Bezeichnungen, man kennt sie als 'Kläger', 'Energieräuber', 'energetische Zombies' oder eben auch als 'emotionale Vampire'. Hierzu eine kleine Anekdote aus meiner privaten Erinnerungsschatulle.

Jean - Scheitern mit Ankündigung

Jean war ein guter Freund, der mir sehr am Herzen lag. Ich mochte ihn wirklich gern, obgleich der Umgang mit ihm und auch unsere Freundschaft immer mit allerhand Schwierigkeiten verbunden war. Er war kein einfacher Mensch, oft launisch, manchmal für Tage oder gar Wochen wie vom Erdboden verschluckt, weder telefonisch noch per E-Mail zu erreichen, und dann plötzlich wieder da. Auch ansonsten hatte er allerhand Probleme mit sich und der Welt, beispielsweise diverse abgebrochene Studiengänge und eine aufs Übelste gescheiterte Ehe. Obendrein hielt er es an keinem Arbeitsplatz länger als maximal ein Jahr aus, zumal er sich spätestens dann mit sämtlichen Kollegen und Vorgesetzten überworfen hatte.

Aktuell jobbte er in einer Bar, und ich besuchte ihn dort manchmal, insbesondere zu den Uhrzeiten, zu denen ansonsten kaum Gäste anwesend waren, so dass man in aller Ruhe ratschen und tratschen konnte. Eines Abends war seine Schicht gerade zu Ende, und wir hockten in einer ruhigen Ecke an einem Tisch beisammen. Es dauerte nicht lange, und Jean begann über seine prekäre Situation zu lamentieren. Sein gerade begonnenes neues Studium der Archäologie sei ja so anstrengend. Die Professoren verlangten geradezu unmenschliche Leistungen von ihm. Der Job in der Bar wäre das Allerletzte, die anderen Angestellten allesamt Idioten und obendrein hinterhältig und gemein zu ihm. Der Geschäftsführer würde ihn um Teile seines sowieso viel zu niedrigen Gehalts betrügen, die Gäste gäben kaum Trinkgeld und seien größtenteils unverschämt. Frauen, ja, Frauen lernte er öfters kennen, denn er sah ziemlich gut aus, aber das waren alles Schlampen oder noch schlimmeres. Überhaupt kann und möchte ich die zahllosen Kraftausdrücke, die er im Verlaufe unseres Gesprächs zur Titulierung anderer Personen benutzte, hier nicht wiedergeben; das Buch soll ja nicht auf dem Index landen. Schließlich bekamen auch noch sein Vermieter und die Bruchbude, in welcher er für viel zu viel Miete hausen musste, ihr Fett ab.

Zu der Zeit hatte ich noch nicht sehr viel Coaching-Erfahrung sammeln können, allerdings meine Ausbildungen frisch absolviert und war mithin voller Tatendrang, anderen Menschen bei der Bewältigung ihrer Schwierigkeiten edel, hilfreich und gut zur Seite zu stehen. Was lag also näher, als dem bedauernswerten Jean unter die schwachen Arme zu greifen und ihn gründlich wiederaufzubauen? Allein, irgendwie drang ich nicht durch. Jedes Mal, wenn ich mit einem tollen Ansatz kam, was er oder wir denn probieren könnten, winkte er schnell ab und wechselte außerdem flugs das Thema. Bis nach ein paar Minuten die nächste Jammer- und Schimpforgie losging. Wiederum wusste ich guten Rat, doch sogleich hatte Jean diverse überzeugende Gründe parat, weswegen das alles gar nicht möglich wäre. Außerdem waren natürlich sowieso immer die anderen die Schuldigen. Was sollte er sich denn anders verhalten, wenn z.B. der Chef und die Gäste solche Knalltüten seien? Auch sei ja schließlich nicht er schuld an dem Ärger mit seinem Vermieter, sondern dieser, denn der habe es ganz speziell auf ihn abgesehen.

Munter weiter ging es mit schier endlosem Meckern, Nörgeln und Beschweren. Die ganze Aktion zog sich über gut zwei Stunden hin. Auffallend war, dass es Jean zusehend besser zu gehen schien. Sicherlich zeigten auch die diversen Bierchen langsam ihre Wirkung, die er in der Zeit runter kippte. Ich fühlte mich hingegen immer mieser. Ich konnte nicht einmal so richtig einschätzen, woran das gelegen haben mag, aber mehr und mehr dämmerte mir, weswegen man bei solchen Gegebenheiten von 'emotionalen Vampiren' spricht. Ich fühlte mich tatsächlich wie ausgesaugt. Als wir uns schließlich verabschiedeten, war Jean bester Laune. So ausgelassen hatte ich ihn selten erlebt. Ich hingegen war seelisch dermaßen am Boden, dass ich fast vier Tage brauchte, bis ich mich davon wieder einigermaßen erholt hatte.

Man darf den Effekt nicht unterschätzen, den so ein Energieräuber verursacht. Von daher mein ausdrücklicher Rat, stets auf der Hut zu sein, denn sie lauern überall und warten geradezu auf jede sich bietende Gelegenheit und jedes unvorsichtige Opfer, das sie als geistigen Mülleimer missbrauchen können. So etwas lässt sich auch mit einem guten Stundensatz nicht wirklich aufwiegen.

Im Nachhinein bin ich ganz dankbar für die Erfahrung, denn ich hatte dadurch am eigenen Leib gespürt, wie die Begegnung mit so einem 'Kläger' abläuft und wirkt. Ich hatte meine Lektion gelernt und mir geschworen, dass mir derartiges niemals erneut widerfahren wird. Und in der Tat ist das seither auch nicht mehr vorgekommen. Ab und an bin ich zwar mit Coachees konfrontiert, die genau dasselbe Spielchen versuchen, doch inzwischen kann ich das umgehend durchschauen und lasse mich in keinster Weise mehr darauf ein. Erkenne ich dies schon im Vorfeld, lehne ich eine Zusammenarbeit sowieso ab. Ohne dass deswegen ein schlechtes Gewissen angebracht wäre, denn dies ist man der eigenen Psycho-Hygiene einfach schuldig. Abgesehen davon kann man ohnehin nichts bewirken.

Unnötig zu erwähnen, dass Jeans gute Laune von nur sehr vorübergehender Natur war. Inzwischen ist bei ihm alles wieder wie gehabt, abgesehen von einem anderen miesen Job, einem anderen aussichtslosen Studiengang, allerdings immer noch derselben Wohnung. Die Chance auf Veränderung bedarf immer auch des Willens zum Wandel. Fehlt dieser, kann auch der weltbeste Therapeut nicht viel ausrichten. Umgekehrt bewirken manchmal auch eher dilettantisch durchgeführte Coachings von blutigen Anfängern erstaunliche Wirkungen, wenn seitens des Klienten die entsprechend ausgeprägte Motivation mitgebracht wird. Wir werden in der Geschichte von Karl später noch ein bisschen mehr dazu erfahren. Insgesamt haben wir jedoch immer gegen einen mächtigen Gegner zu kämpfen: Den Status Quo. Denn wie übel auch immer die aktuelle Situation sein mag, sie hat doch den kaum zu überschätzenden Vorteil, dass man sie kennt, und dass sie einem wohlvertraut ist. Jede Veränderung hingegen bedeutet Ungewissheit, und dies ist unweigerlich mit der Furcht vor dem Neuen und Fremden verbunden. Diese Angst ist für viele so übermächtig, dass der oft beschworene Schritt heraus aus der Komfortzone niemals gewagt wird. Richard Bandler, einer der Begründer des Neuro-Linguistischen-Programmierens (NLP) fasst dies gerne sehr treffend dergestalt zusammen, dass für die meisten Menschen gelte: Lieber das vertraute Elend als das unbekannte Glück.

Damit schließt sich der Kreis, denn der Grund, weswegen ich Ihnen dies alles so ausführlich darstellen wollte, liegt darin, dass auch Sie sich zunächst völlig darüber im Klaren sein sollten, welche

Motivationen in Ihrem Innersten schlummern, um den maximalen Nutzen aus den folgenden Kapiteln ziehen zu können: Ist es Ihr tiefer, eigener Wunsch, Ihr Idealgewicht zu erreichen? Oder sind es Menschen aus Ihrer Umgebung, die Sie zu einer Veränderung drängen? Oder ist es in Wahrheit für Sie wichtig, ein Thema zu besitzen, um anderen und vielleicht sogar sich selbst etwas vorjammern zu können? Im letzten Fall könnte es sich auch um ein Epiphänomen handeln. Mit der Bedeutung dieses Themas werden wir uns im Abschnitt über EMDR umfassend beschäftigen. Doch unabhängig davon, wie Ihre Selbsteinschätzung ausfällt, werden Sie in jedem Fall eine ganze Menge Anregungen und Erkenntnisse aus der Lektüre gewinnen können. Kurzweilige und informative Anekdoten wie die obige mit Jean wechseln sich mit wichtigen theoretischen Grundlagen ab, so dass jeder beim Lesen umfassend auf seine Kosten kommt und den optimalen Nutzen für sich aus der Lektüre ziehen kann. Ich wünsche Ihnen dabei viel Spaß und Erfolg, ganz gemäß dem Motto dieses Buchs.

1. Ungeahnte Energie mit Trance

In diesem Kapitel werde ich Ihnen die wichtigsten Aspekte und zentralen Besonderheiten der speziell von mir entwickelten und mit großem Erfolg bei der Unterstützung zur Gewichtsoptimierung eingesetzten Energy-Hypnose präsentieren. Dazu habe ich zwei spannende Fallgeschichte aufgenommen, wodurch Sie eine Menge darüber erfahren werden, wie unser Unbewusstes funktioniert, welche internen Fallstricke womöglich verhindern, dass wir unsere Ziele erreichen, und auf welche Weise wir unseren Geist sinnvoll und erfolgversprechend so ausrichten, dass diese von nun an vermieden werden können. Auch und gerade in der Selbstanwendung von Trance-Techniken, die im Abschnitte 'Do-it-yourself mit Hypnose' beschrieben werden wird.

Gehen wir also gleich in medias res und schauen uns an, worauf es im Einzelnen bei dieser besonderen Technik ankommt, und welche breiten Anwendungsmöglichkeiten dafür prädestiniert sind. Diese sind deutlich vielfältiger als die beiden Bereiche, für die inzwischen sogar in Deutschland der 'Wissenschaftliche Beirat Psychotherapie der Bundesärzte- und Bundespsychotherapeutenkammer' die Hypnose als anerkannte Methode eingestuft hat, nämlich bei der Bewältigung der seelischen und sozialen Folgen von körperlichen Erkrankungen sowie zur Unterstützung bei der Überwindung von Abhängigkeiten, allen voran dem Rauchen.

Zunächst stelle ich Ihnen den typischen Ablauf einer Hypnose dar, und wir lernen auch gleich den Weg kennen, wie der Übergang in den Zustand der Trance am besten bewerkstelligt werden kann. Sie erkennen dabei ebenfalls, weshalb besonderer Wert auf die vollständige Auflösung der Trance am Ende der Hypnose gelegt werden muss. Anschließend widmen wir uns im Detail den einzelnen Elementen, die in den verschiedenen Phasen eine wichtige Rolle spielen. So beginnen wir mit der im Vorfeld der eigentlichen Hypnose stattfindenden zweckmäßigen Zielformulierung, bevor es ausführlich um die Formate geht, die im Verlauf der Trance die eigentlichen Veränderungen bewirken. Diese entstammen zum Teil dem NLP, besitzen andererseits aber auch viel ältere Ursprünge. Schließlich werfen wir noch einen Blick darauf, wie man mit geschickt formulierten Fragen bereits im Vorfeld einer therapeutischen Begegnung die Grundlagen für den Erfolg legt.

Insofern können Sie bereits erkennen, dass Energy-Hypnose auf geradezu universelle Weise die besten Elemente verschiedener

Ansätze neu kombiniert. So finden sich Einflüsse aus dem NLP genauso wie die Erfahrungen der permissiven Hypnotherapie. Ebenso nutze ich an passender Stelle die direktiven Methoden eines Dave Elman und verwende die von Milton H. Erickson erarbeiteten Zeitverzerrungsvarianten sowie nicht zuletzt Erkenntnisse aus der Markt- und Meinungsforschung, in welcher ich mir als Student etwas dazu verdient hatte und obendrein gratis allerhand wertvolle Erkenntnisse bekam, die mir später einige Perspektiven und Anwendungsmöglichkeiten eröffneten, die sonst eher vernachlässigt werden.

Dieses unvoreingenommene Verwenden unterschiedlichster und manchmal auf den ersten Blick sogar gegensätzlicher Herangehensweisen empfinde ich inzwischen als äußerst befruchtend, und Sie werden daher auch in den späteren Kapiteln immer wieder feststellen können, dass dies weit ergiebiger ist als mit Scheuklappen ausgestattet nur eine einzige Richtung für die allein seligmachende zu halten. Als Beispiel möchte ich gerne den seit Jahrzehnten andauernden Antagonismus zwischen den Schülern Ericksons einerseits und denen Elmans andererseits erwähnen. Für mich löste sich dieser scheinbare Widerspruch auf, als ich erkannte, dass beides seine Berechtigung hat, und dass eine sinnvolle Kombination beider noch effektiver ist als jede für sich. Doch vor allem kommt es darauf an, Flexibilität in der Anwendung zu besitzen. Denn nicht jede Methode passt immer und für jeden. Anstatt alles über einen Kamm scheren zu wollen, ist es weit aussichtsreicher, möglichst viele verschiedene Instrumente an der Hand zu halten.

Eine jede Energy-Hypnose umfasst die Bestandteile Vorgespräch, Intro, Suggestionsteil und Extro, die wir uns jetzt genauer betrachten wollen. Jede dieser Etappen hat ihre ganz spezielle Bedeutung für den umfassenden Erfolg und stellt ihre eigenen Anforderungen an die Beteiligten. Schließlich gibt es sogar noch eine fünfte Phase, doch dazu später. Schließlich zeige ich Ihnen noch auf, in welcher Weise Sie diesen Ansatz für erfolgreiche Selbsthypnose-Anwendungen einsetzen können.

1.2. Vorgespräch mit Hintergrund

Während der Unterredung vor Beginn der eigentlichen Hypnose geht es hauptsächlich darum, den Hypnotisanden vorzubereiten. In gewisser Weise stellt dieser Abschnitt bereits den Übergang vom

Alltagsleben hin zur Trance dar. Zunächst ist es von entscheidender Bedeutung zu gewährleisten, dass der Klient sich rundum wohl und geborgen fühlt und Vertrauen in die ihm oft noch völlig unbekannte Person und Situation gewinnt. Dies wird einerseits erreicht, indem mit den aus dem NLP bekannten Techniken des Spiegelns, beispielsweise der Körperhaltung und der Stimmlage, auf der nonverbalen Ebene eine harmonische Beziehung begründet wird, die auch als 'Rapport' bekannt ist. Andererseits muss es dem Hypnotiseur auch ein Anliegen sein, umfassende inhaltliche Informationen zu geben, z.B. darüber, wie sich der Zustand der Hypnose anfühlt und welche einzelnen Aktionen vorgesehen sind. Denken Sie beispielsweise daran, dass es sinnvoll sein kann, bereits jetzt zu vereinbaren, dass der Klient in der Trance am besten nicht mehr sprechen, sondern stattdessen mit Fingersignalen kommunizieren sollte.

Unabdingbar ist es darüber hinaus, das explizite Einverständnis einzuholen bzgl. möglicher körperlicher Berührungen. Dies vermeidet, dass dadurch später störende oder sogar die Trance komplett unterbrechende Irritationen entstehen können, falls dies ohne Vorankündigung geschehen sollte. Denn man kann nie sicher sein, ob und inwieweit jemand Vorbehalte dagegen haben mag, oder sogar intensive emotionale Erinnerungen damit angestoßen werden könnten. Das Gleiche gilt auch für die Frage, ob es in Ordnung ist, die unbewussten Persönlichkeitsanteile des Hypnotisanden während der bevorstehenden Trance zu duzen. Dies impliziert übrigens auch, dass sich die Person im Zustand der Hypnose befindet, sobald sie ein 'Du' zu hören bekommt. Ein nicht zu unterschätzender hilfreicher Nebeneffekt.

Zusätzlich ist das Vorgespräch der richtige Zeitpunkt, um die Ergebnisse, die der Klient mithilfe der Hypnose verwirklichen möchte, ausführlich abzuklären und in möglichst erfolgversprechender Weise festzulegen. Näheres hierzu im Abschnitt über die 'Ziele'. Optional lassen sich in dieser Phase noch sogenannte 'Convincer' einbauen. Das sind kleine Suggestibilitäts-Tests, die einerseits dem Klienten zeigen sollen, dass er auf die gegebenen hypnotischen Kommandos anspricht, und andererseits dem Hypnotiseur wertvolle Hinweise geben, wie intensiv die Person vor ihm auf seine Suggestionen reagiert. Eine bekannte Variante ist beispielsweise, dass der Klient mit geschlossenen Augen beide Arme parallel ausstreckt, um sich dann plastisch vorzustellen, in der einen Hand halte er ein schweres Buch, während an seinem anderen Handgelenk ein großer Heliumballon den Arm nach oben zieht. Als Konsequenz davon sollten sich die beiden Arme alsbald mehr oder weniger deutlich auseinander bewegen.

Für meinen Teil präsentiere ich gerne auch noch kleine Zaubertricks, mit denen ich bezwecke, das Bewusstsein des Klienten zu verblüffen und zu verwirren, was sich immer wieder als höchst dienlich erweist, um den Zugang zum Unbewussten zu erleichtern. Doch dies ist absolut kein Muss und auch nur zu empfehlen, wenn man entsprechende magische Kunststücke beherrscht.

Für den Schluss des Vorgesprächs noch zwei feine und stets empfehlenswerte Tipps: Fragen Sie den Hypnotisanden ausdrücklich: "Sind Sie bereit, jetzt in Hypnose zu gehen?". Das zu erwartende: "Ja!" stellt ein außerordentlich starkes Commitment von dessen Seite dar. Sollte die Frage tatsächlich einmal verneint werden, so müssen Sie sowieso zunächst mal einen Plan B in der Hinterhand haben. Der zweite Trick besteht darin, irgendeine kleine Korrektur an der Körperhaltung ihre Gegenübers anzuweisen. Beispielsweise die Aufforderung, die Füße etwas weiter zusammen zu stellen oder die Hände auf die Oberschenkel zu legen. Was genau, ist dabei nachrangig, denn eigentlich geht es darum, den Klienten dadurch bereits sanft in einen Zustand zu führen, in welchem er bereit ist, ihre Instruktionen zu befolgen.

1.3. Hinein mit Feingefühl

Mittels der letzten Anweisungen des Vorgesprächs ist das Intro, also der Übergang in den veränderten Bewusstseinszustand der Trance im Grunde auch schon eingeleitet. Im Kern geht es nun darum, mittels einer sogenannten Induktionsmethode den Klienten mehr und mehr dorthin zu begleiten, das äußere Geschehen weitgehend auszublenden und sich stattdessen auf internes Erleben zu fokussieren. Das Bewusstsein und dessen kritischen Faktor werden somit in den Hintergrund rücken. Dies ist die wichtigste Voraussetzung, um anschließend vollumfänglich mit dem Unbewussten arbeiten zu können, denn dies gelingt nur, wenn der ungefilterte Zugang zu diesem frei ist.

Im Wesentlichen existieren heute zwei unterschiedliche Induktionsansätze. Auf der einen Seite der permissive Stil im Sinne von Milton H. Erickson und seinen Schülern, auf der anderen Seite die direktiven Methoden, die inzwischen vor allem mit dem Namen von Dave Elman verbunden sind. Für die Energy-Hypnose entwickelte ich nach und nach eine Kombination aus den beiden Ansätzen, die in den meisten Fällen hervorragende Resultate liefert, insbesondere dann, wenn bei der jeweiligen Dauer und Gewichtung die individuellen Besonderheiten jedes Klienten mit einbezogen und berücksichtigt werden.

Zunächst ist daher bei der Stimmführung darauf zu achten, in bester Ericksonscher Tradition stets auf das Ausatmen des zu hypnotisierenden Kandidaten zu sprechen. Denn dies unterstützt auf sehr effektive Weise dessen Entspannung und unterstützt den Rapport zwischen Hypnotiseur und Klient. Wichtig ist in diesem Zusammenhang auch, am Ende jedes Satzes mit der Stimme nach unten zu gehen. Dieses als 'Downwards Inflection' bekannte Vorgehen verleiht allem Gesagten Befehlscharakter. Inhaltlich ist es das Ziel, die Energie der Aufmerksamkeit von in der Umgebung wahrnehmbaren Reizen Stück für Stück auf die innere Welt zu lenken. Zu diesem Zweck wird der Hypnotisand zunächst auf mehrere Außenstimuli hingewiesen (z.B. Geräusche), diese anschließend mit internen Wahrnehmungen verknüpft (z.B. Herzschlag) und am besten bereits erste Suggestionen eingebaut (z.B. Entspannung). Die Vermittlung geschieht dabei auf möglichst unverbindliche und vage Weise, so wie das Milton H. Erickson auf meisterliche Weise eingeführt hatte. Nach und nach verschiebt sich dann das Augenmerk in Richtung inneres Erleben. Ein Beispiel soll das Dargestellte illustrieren:

"Vielleicht können Sie die Musik im Hintergrund hören und während Sie womöglich noch das Bild an der Wand gegenüber sehen und dabei den Herzschlag in Ihrer Brust spüren können, bemerken Sie eventuell schon, wie Sie sich mehr und mehr entspannen dürfen!"

Die Außenreize 'Musik' und 'Bild an der Wand' werden mit der internen Wahrnehmung 'Herzschlag' kombiniert und sogleich noch vorgeschlagen, dass dies zu mehr Entspannung führen darf. Dies alles ist in einer Weise formuliert, die verhindert, dass der Hypnotisand dem Gesagten widersprechen könnte. Dies wird vor allem erreicht durch die Wörter 'vielleicht', 'womöglich' und 'eventuell', das alles etwas vage machen.

Sobald diese Umorientierung der Aufmerksamkeit sowie eine tiefe physische Entspannung zusammen mit dem irgendwann während dieses Prozesses bewirkten Schließens der Augen erfolgt ist, folgt die an Dave Elman angelehnte Vorgehensweise. Der Klient wird instruiert, wiederholt auf Anweisung die Augen zu öffnen und kurz darauf wieder zu schließen. Dieser als Fraktionierung der Trance bekannte Vorgang bewirkt zwar zunächst, dass der Hypnotisand jedes

Mal aus der Hypnose herausgerissen wird, jedoch unmittelbar danach in eine deutlich tiefere Trance als zuvor sinken wird. Zumeist wird er schon bei der dritten oder vierten Aufforderung die Augen auch gar nicht mehr öffnen wollen bzw. können. Elman hob an dieser Stelle meist noch den Arm des Probanden hoch und ließ diesen anschließend wieder herabfallen, begleitet von Vertiefungssuggestionen. Ebenso wies er ihn an, laut von '100' langsam rückwärts zu zählen, wobei spätestens bei Erreichen der '98' alle Zahlen aus seinem Geist verschwunden seien. Diese beiden Aspekte setze ich nur hin und wieder ein, meist zähle ich stattdessen von zehn rückwärts bis eins und verbinde dies mit der Suggestion, jede Zahl führe zu einer immer noch tieferen Entspannung. Mir liegt dies einfach mehr, doch ich möchte auch an hier ausdrücklich ermuntern, es selbst auszuprobieren und Erfahrungen zu sammeln.

An diesem Punkt angekommen führe ich den Klienten stets mental in seiner Vorstellung an einen Ort, an dem er sich so richtig wohl gefühlt hatte, sei es aus seiner angenehmen Erinnerung oder aus einem wunderschönen Traum. Besonderen Wert lege ich dabei darauf, dass er sich diesen mit möglichst all seinen Sinnen intensiv vergegenwärtigt. Damit findet das Intro seine Vollendung und die eigentliche Veränderungsarbeit im Suggestionsteil kann beginnen.

Der Hypnotisand sollte sich nun in einer mittleren Trance befinden, denn dieser Zustand bietet die optimalen Voraussetzungen für die weiteren anstehenden Aktionen. Eine leichte Trance hingegen, die gekennzeichnet ist durch wohlige Gefühle der Entspannung und Schwere sowie reduzierte Wahrnehmung der Umgebung, beinhaltet meist noch ein zu aktives kritisches Denken und ist daher nur eingeschränkt geeignet für grundlegende hypnotische Neuorientierungen. Auf der anderen Seite ist jedoch auch die somnambule Trance, die durch weitgehenden Verlust des Kontaktes zur Umwelt charakterisiert ist, ebensowenig geeignet für die in diesem Stadium notwendigen Reaktionsmöglichkeiten. Allerdings wird die Zeit dafür im Rahmen der Energy-Hypnose an späterer Stelle noch kommen. Jetzt ist jedoch eine mittlere Trance-Stufe angestrebt, bei der das Hier und Jetzt zwar deutlich in den Hintergrund tritt, aber dennoch Aktivität und Reagieren auf von außen kommende Aufforderungen spontan und mühelos möglich sind. Der Tabelle 1 können Sie die typischen Eigenschaften der verschiedenen Trance-Stufen entnehmen.

Trance-Stufe	Eigenschaften
leicht	- Reduzierte Wahrnehmung der Umwelt - Entspannung - Phantasieren und Abdriften - Bewegungseinschränkung
mittel	- Deutlich reduzierte Wahrnehmung - Verringertes Schmerzempfinden - Konzentration auf interne Erlebnisse - Verminderte Reaktionen
somnambul	- Keine Wahrnehmung der Umwelt - Sehr hohe Suggestibilität - Amnesie - Fast vollständige Reaktionsunfähigkeit

Tabelle 1: Trance-Stufen

1.4. Suggestionen mit Kraft

In diesem Stadium wird nun intensiv mit dem Unbewussten des Klienten gearbeitet und interagiert. In erster Linie kommen dabei die aus dem NLP entliehenen Methoden 'Ziele-Prozess', 'Six-Step-Reframing' und 'Schnelle-Phobie-Technik' in Frage. Prinzipiell sind natürlich der Phantasie des Anwenders keine Grenzen gesetzt, welche anderen Formate er noch einsetzen möchte, doch meine Erfahrungen und entsprechende Versuche lehrten mich, dass 'mehr' nicht unbedingt 'besser' bedeutet, so dass ich getreu dem alten KISS-Grundsatz (Keep It Simple, Stupid) fast ausschließlich mit diesen drei Ansätzen operiere. Zumal viele der in der Literatur ansonsten noch zu findende Techniken oft nur mehr oder weniger gelungene Variationen darstellen. Ich kenne auch NLP-Trainer, die sogar soweit gehen, generell nur die Schnelle-Phobie-Technik für praktisch jedes Problem zu verwenden, und alles andere als überflüssig zu betrachten. Doch ich empfinde ein wenig mehr Auswahl dennoch als sinnvoll.

In der Tat lässt sich allerdings festhalten, dass prinzipiell jedes im Coaching auftauchende Thema im Grunde auch mit jedem NLP-Format angegangen werden kann. Indes ist es schon so, dass dabei nicht alle gleich effizient sind, und ferner sehr viel von der Person des Klienten abhängt, welches als die optimale Vorgehensweise angeraten sein dürfte.

Mit den drei genannten Formate werden wir uns in Kürze ausführlich beschäftigen. Vorher jedoch ist es natürlich entscheidend zu wissen, wo man eigentlich hin will, d.h. welches Ziel erreicht werden soll. Dabei zeigt sich oft, dass die Abgrenzung zu einem bloßen Wunschtraum vielen nicht so wirklich klar ist, und dass häufig auch insgesamt nur recht vage Vorstellungen existieren. Daher ist es das A und O, an diesem Punkt ausdrückliche und exakte Formulierungen herauszuarbeiten. Wie das bewerkstelligt wird, schauen wir uns deshalb als erstes an.

1.4.1. Vorsätze mit Struktur

Jede Hypnose und jedes Coaching dient letztlich dazu, ein bestimmtes Ziel zu realisieren. Aufgabe des Hypnotiseurs ist es daher, seine Klienten dabei zu unterstützen, dieses bereits im Vorfeld so klar und präzise wie nur möglich festzulegen. Als besonders sinnvoll hat sich dabei ein Katalog an Merkmalen erwiesen, welche eine Zielformulierung aufweisen sollte. Diese Charakteristika sind allgemein unter dem Namen 'Wohlgeformtheitskriterien' bekannt. Erfüllt die Ausformulierung einer Zieldefinition diese Vorgaben, so sind damit die bestmöglichen Voraussetzungen für die Verwirklichung gegeben. Natürlich gibt es keine Garantien für die Erreichung, anderseits können und werden auch weniger sorgfältig ausgearbeitete Ergebnisse in vielen Fällen glücken. Uns geht es hier jedoch zuallererst darum, Wahrscheinlichkeiten zu maximieren. Sehen wir uns die Kriterien also der Reihe nach an.

Positiv
Die Zielbeschreibung muss deutlich machen, was erreicht werden soll, und nicht etwa, was es zu verhindern gilt. Daher sind alle Verneinungen, die sich in Begriffen wie 'nicht' oder 'keine' manifestieren würden, tunlichst zu meiden. Nur bildlich vorstellbare Ziele wird das Unbewusste wirklich sinnvoll anstreben können. Negationen erfordern hingegen, dass zunächst an das gedacht werden muss, wovon man eigentlich wegkommen möchte. Beispielsweise erfordert der Satz: "Ich will keine Schokolade mehr essen!" ersteinmal, an ein leckeres, süßes Stück aus Kakao zu denken, bevor dieses sozusagen mental durchgestrichen wird. Schlimmstenfalls löst man damit genau den gegenteiligen Impuls als den eigentlich gewünschten aus, denn die Energie folgt immer der Aufmerksamkeit. Ich verspüre jedenfalls gerade so eine leichte Lust auf ein kleines, zartes Häppchen köstlicher Schokolade. Auch sollte das Ziel keine Vergleiche beinhalten. Formulierungen wie 'schlanker' sind sehr unspezifisch und daher auch weit weniger hilfreich als präzise Aussagen, die eine konkrete Gewichtsangabe beinhalten.

Ich
Sprechen Sie bei der Verbalisierung Ihres Ziels stets in der ersten Person. Nur damit ist jedem - und somit auch Ihrem Unbewussten - eindeutig klar, für wen das angestrebte Ergebnis erreicht werden soll. Schließlich geht es nur um Sie persönlich. Leider sehr verbreitet ist die Unsitte, in solchen Fällen von 'man' zu sprechen. Kein Mensch weiß dabei, wer das eigentlich sein soll, denn damit kann jeder und keiner gemeint sein, aber gewiss nicht Sie selbst. Auch passive Ausdrucksweisen der Art: "Das Ziel ist..." lassen viel zu sehr im Nebel, für wen es gelten soll.

Gegenwart
Verwenden Sie den Präsens. Dies motiviert das Unbewusste sehr stark, das Ziel zu verwirklichen. Denn der Abgleich mit der Realität demonstriert, dass hier offenbar etwas nicht übereinstimmt. Solche Diskrepanzen sind für den menschlichen Geist in hohem Maße unangenehm, und mithin ist der Impuls maximal, diese zu überwinden. Wie ist das am besten zu bewerkstelligen? Genau! Indem das Ziel möglichst schnell zur Realität gemacht wird. Die leider eher gängige Praxis, bei noch nicht erreichten Ergebnissen in der Zukunftsform zu sprechen und zu denken, reduziert indes die zeitliche Priorität drastisch und verschiebt die Umsetzung nur allzu gern auf den berühmt-berüchtigten Sankt-Nimmerleins-Tag.

Keine Weichmacher
Bitte formulieren Sie nicht im Konjunktiv. "Ich würde gerne..." bedeutet, dass Sie es auch gleich lassen können. Selbiges gilt für Verben aus der Wunschgruppe (wollen, möchten, wünschen, versuchen, hoffen, bitten). Mit diesen wird Ihre gesamte Ausdrucksweise vollständig unverbindlich und wertlos. Ich hörte beispielsweise tatsächlich einmal den Satz: "Mein Ziel ist, dass ich mir wünsche, schlank zu sein!" - "Das ist ziemlich einfach", dachte ich so bei mir, "das Ziel ist schon längst erreicht, denn den Wunsch hat die Person ja bereits seit geraumer Zeit!" Auch das beliebte Wort 'eigentlich' hat hier nichts verloren. Denn etwas, das man nur 'eigentlich' anstrebt, strebt man eigentlich überhaupt nicht an.

Zeitpunkt
Geben Sie ein festes Datum vor, bis zu dem das Ziel verwirklicht sein wird. Dann werden sich alle unbewussten Energien darauf ausrichten, diesen Termin einzuhalten. Begriffe wie 'so bald wie möglich', 'demnächst' oder unspezifische Zeiträume der Art 'in den kommenden Wochen' sind hingegen allesamt nach hinten offen und daher weitgehend nutzlos. Dies wusste schon der berühmte Ökonom Cyril Northcote Parkinson, der vor über fünfzig Jahren das nach ihm benannte Gesetz formulierte, demzufolge die Erledigung einer Aufgabe so viel Zeit in Anspruch nehmen wird, wie zu ihrer Durchführung zur Verfügung steht. Setzen Sie sich daher tendenziell eher knappe Fristen, dann wird es auch schneller gehen.

Realistisch
Ein Ziel muss von der Person, die es anstrebt, selbst erreicht werden können. Dies bedeutet zum einen, dass sie es eigenständig initiieren kann, es also nicht von externen Vorbedingungen abhängig ist. Dies meint im Besonderen auch, dass nicht erst Aktivitäten oder Entscheidungen Dritter erforderlich sind. Zum anderen muss die Umsetzung auch selbst kontrollierbar sein, d.h. ein kontinuierliches Überprüfen, ob und inwieweit man sich noch auf dem richtigen Weg befindet, ist unabdingbar. In diesem Kontext spricht man auch von der Notwendigkeit kurzer Feedback-Schleifen. Hierin besteht auch der entscheidende Unterschied zwischen Zielen und Wünschen. Letztere sind weder selbst initiierbar noch selbst kontrollierbar, sondern in erster Linie vom Schicksal, vom Zufall oder von anderen Personen abhängig.

Überprüfbarkeit
Die schönste Formulierung hat wenig Zweck, wenn keine Kriterien existieren, die belegen können, ob das Ziel überhaupt erreicht worden ist. Letztlich erfordert dies für menschliche Wesen stets, dass die Verwirklichung mit mindestens einem der fünf Sinne zweifelsfrei identifiziert werden kann.

Ökologie
Die Verwirklichung eines Ziels darf nicht der Persönlichkeit oder dem Charakter des Individuums widersprechen oder gar seinen anderen Absichten schaden. Zusätzlich muss sich das Ergebnis auch harmonisch in das private und berufliche Lebensumfeld einpassen. Ansonsten ist die Konsequenz entweder das sprichwörtliche 'Operation gelungen, Patient tot', oder aber die äußeren wie inneren Widerstände werden massiv genug sein, die Zielerreichung alsbald wieder rückgängig zu machen, wenn sie nicht sogar gleich von vornherein sabotiert wird.

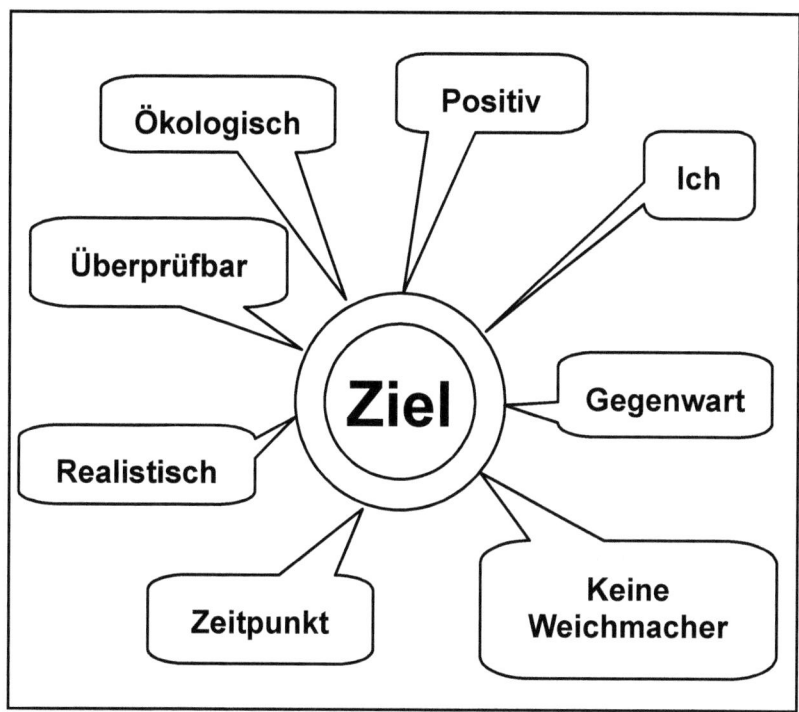

Abbildung 1: Ziele-Kriterien

1.4.2. In die Zukunft mit Ressourcen

Die gründliche Ausformulierung eines Ziels ist fester und wichtiger Bestandteil des Vorfelds nicht nur jeder Hypnose, sondern aller sinnvollen Methoden zur Verwirklichung von Vorsätzen. Der Ziele-Prozess, dessen einzelne Schritte wir uns nun anschauen wollen, bildet eine der zentralen Prozeduren während des Suggestionsteils.

1. Assoziiertes Hineinversetzen in das zukünftige Ziel
2. Dissoziieren und Adlerperspektive
3. Finden von Ressourcen in der Vergangenheit
4. Einfügen der Ressourcen in das Zielbild
5. Rückkehr in die Gegenwart

1. Assoziiertes Hineinversetzen in das zukünftige Ziel

Sobald die Intro-Phase zum Abschluss gekommen ist, und sich der Hypnotisand also im Zustand der Trance befindet, ergeht an ihn die Aufforderung, sich mental in den zukünftigen Zeitpunkt hineinzuversetzen, an dem er das angestrebte Ziel vollständig verwirklicht haben wird. In dieser Zielvorstellung soll er nun intensiv mit seinen Sinnen wahrnehmen, was es alles zu sehen, zu hören und zu fühlen gibt. Vielleicht auch noch, was er schmecken oder riechen kann. Dies alles aus der Ich-Perspektive, was man auch als 'assoziiert' bezeichnet. Dies meint, dass die Imagination genau das umfasst, was er in dieser zukünftigen Situation erleben würde. An dieser Stelle bietet sich nebenbei auch eine gute Gelegenheit, die ökologische Qualität des Ziels nochmals genau unter die Lupe zu nehmen und zu erfragen, ob sich womöglich irgendein Störgefühl einstellt, oder ob aus der Umgebung Vorbehalte zu vernehmen sind. Dieses Assoziieren sollte vom Hypnotiseur großzügig mit Suggestionen begleitet werden: "Schau Dich um, was es alles zu sehen gibt. Achte auf Stimmen und Geräusche und spüre vor allem in Dich hinein, wie es sich anfühlt, dieses Ziel erreicht zu haben!". Wie bereits angedeutet wird das Unbewusste des Klienten mit 'Du' angesprochen, natürlich nur, wenn dieser sich im Vorgespräch damit einverstanden erklärt hat. Dies hat zwei Aspekte: Erstens versteht das Unbewusste die formelle Ansprache weniger gut. Spricht man von 'Sie', rätselt es gerne erst einmal, wer 'die' eigentlich sein könnten. Ein herzliches 'Du' hingegen verdeutlicht zweifelsfrei, wer gemeint ist. Zweitens ist nun auch der Gesamtpersönlichkeit des Hypnotisanden klar, dass er sich in Trance befindet, da ihm ja zuvor vermittelt worden ist: "Sobald Sie in Trance sind, werde ich Ihr Unbewusstes mit 'Du' ansprechen, falls das für Sie in Ordnung ist?". Ich habe noch nie erlebt, dass jemand dies abgelehnt hätte. Der suggestive Charakter, den es daher hat, sobald der Hypnotiseur zum 'Du' übergeht, dürfte unschwer einleuchten.

2. Dissoziieren und Adlerperspektive

Nachdem sich der Klient ausführlich in seine Zielvorstellung hineingedacht und hineingefühlt hat, folgt die Aufforderung, quasi aus seinem Körper heraus zu schweben und nunmehr von oben, also aus der Adlerperspektive, das Geschehen zu begutachten. Er sieht sich jetzt also von außen und beobachtet sich wie einen Schauspieler, der in der Szenerie agiert. Dies nennt man 'dissoziiert', denn nun wird das Ganze nicht mehr so erlebt, als befände man sich selbst darin, sondern so, wie es sich für einen externen Betrachter darstellen würde. Der

Satz: "Schau Dir genau an, wie der XY dort unten steht und sein Ziel erreicht hat!", erweist sich dabei als gute Unterstützung, insbesondere da von dem Klienten im Zielbild namentlich in der dritten Person gesprochen wird. Dies erleichtert die Dissoziation. Von dieser Warte aus ist ein optimaler Überblick gegeben und daher sehr viel leichter einzuschätzen, ob noch irgendetwas fehlt. Fragen Sie darum den Hypnotisanden: "Gibt es noch etwas, das der XY dort unten gebrauche könnte, um sein Ziel noch perfekter zu erreichen? Irgendeine Ressource oder irgendeine Fähigkeit oder irgendeine Eigenschaft?". Da Sie im Verlauf des Vorgesprächs Fingerzeichen abgesprochen haben, also beispielsweise, dass ein kurzes Heben des rechten Zeigefingers 'Ja' bedeutet und analog das des linken Zeigefingers 'Nein', brauchen Sie nun nur auf die entsprechende Antwort warten. Sie bemerken an dieser Stelle, dass sie gar keine Fingersignale vereinbart hatten? Nun, das kommt hin und wieder vor, ist aber halb so wild, denn dann fügen Sie einfach jetzt noch an: "Falls die Antwort 'Ja' lautet, gib mir bitte ein kurzes Zeichen mit dem rechten Zeigefinger, falls 'Nein', dann mit dem linken!". Wenn Ihnen das lieber ist, oder die Hände des Klienten nicht gut sichtbar sind, eignen sich alternativ auch Kopfnicken und Kopfschütteln. Zur Not ist auch eine verbale Antwort durchaus möglich, doch im Allgemeinen sollten die Aktivitäten so sanft wie möglich gewählt werden. Vor allem das Sprechen stört manchmal entweder die Trance oder überfordert den Hypnotisanden in seinem entspannten Zustand, und Sie warten dann recht lange auf eine kurze Antwort. Bekommen Sie als Reaktion, dass keine weiteren Ressourcen mehr nötig scheinen, so können Sie ohne Umschweife zu Schritt fünf übergehen. Erfahrungsgemäß ist dies allerdings eher selten. Meist wird sich der Klient noch etwas Zusätzliches wünschen.

3. Finden von Ressourcen in der Vergangenheit
Da sich der Klient ja in seiner Phantasie praktischerweise bereits in der Adlerposition befindet, nutzen wir diesen Umstand doch gleich aus und bitten ihn, Stück für Stück in seine Vergangenheit zurück zu schweben - Jahr für Jahr, Monat für Monat, Tag für Tag - und dort nach einem Erlebnis oder einer Erfahrung zu suchen, als ihm die gewünschte Fähigkeit schon einmal vollständig zur Verfügung gestanden hatte. Sobald er fündig geworden ist, möge er dies mit einem Ja-Signal anzeigen. Dieses Vorgehen basiert auf der Ansicht Milton Ericksons, dass die Klienten alle notwendigen Ressourcen zwar bereits in sich tragen, aber diese bislang nicht hinreichend

aktivieren konnten. Dennoch passiert es ab und an, dass ein Klient in seiner Vergangenheit auch nach längerer Suche nichts entdecken kann. In diesem Fall ist es oft hilfreich, ihn zu fragen, ob er sich denn vorstellen könne, wie es wohl sei und wie es sich anfühle, diese Eigenschaft zu besitzen. Oder ob er jemanden kenne, der über diese Fähigkeit verfüge, und er sich in diese Person entsprechen hineinversetzen wolle. Eine dieser beiden Ideen kann die Situation sodann stets retten. Im Anschluss folgt die Assoziation mit dem Zustand, in welchem die Ressource komplett zur Verfügung stand. Ganz intensiv soll der Klient jetzt spüren, wie sich dies anfühlt, und er kann und soll es sogar noch stärker machen.

4. Einfügen der Ressourcen in das Zielbild
Ausgestattet mit dieser wiedergefundenen Eigenschaft oder Fähigkeit kehrt der Hypnotisand nun ohne Umwege wieder in sein assoziiertes Zielbild in der Zukunft zurück und fügt diese Ressourcen aus der Vergangenheit dort ein. Dabei achtet er ausführlich darauf, was sich verändert hat, was nun noch besser und was noch perfekter geworden ist. Es schließt sich ein erneutes Dissoziieren und Einnehmen der Adlerperspektive an, um zu prüfen, ob vielleicht noch etwas Weiteres sinnvoll sein könnte. Braucht es noch mehr, so kennen Sie ja nun das übrige Vorgehen. Dies wiederholt sich so lange, bis endlich alle erforderlichen Ressourcen gefunden und eingefügt worden sind.

5. Rückkehr in die Gegenwart
Zum krönenden Abschluss darf sich der Klient noch einmal in sein zukünftiges Wunschbild assoziieren und mit allen Sinnen ausgiebig genießen, wie es ist, sein persönliches Ziel nun so perfekt realisiert zu haben. Dabei ist es oft auch eine gute Idee, wenn er von dort aus einen Blick in die Vergangenheit wirft, die ja eigentlich noch in der Zukunft liegt, und sich kurz anschaut, was er auf dem Weg hierher so alles an wichtigen und schönen Erfahrungen gemacht hat. Die zeitlichen Bezüge verwirren dabei nun nicht nur Sie als Leser, sondern auch den Klienten. Dies ist durchaus beabsichtigt. Letztendlich wird er aufgefordert, in seiner Vorstellung wieder in die Gegenwart zurückzukehren, von hier aus in Richtung Zukunft auf sein dortiges Ziel zu blicken und in Gedanken schon den ersten kleinen Schritt nach vorne zu machen, um sich dadurch quasi mental auf den richtigen Weg zu begeben.

Michael - Abnehmen mit Sicherheitsnetz

Michael war eine stattliche Erscheinung mit seinen fast zwei Meter Körpergröße und 108 Kilo Lebendgewicht. Ein bisschen zu stattlich, wie er fand. Mitte Fünfzig sei auch ein gutes Alter, nochmal etwas Gas zu geben und seine sportlichen Ambitionen, die schon seit geraumer Zeit hinter den beruflichen Anforderungen zurückstehen mussten, wieder stärker in den Vordergrund zu rücken. Seine größtenteils sitzende Tätigkeit machte er auch in erster Linie dafür verantwortlich, dass er in den letzten Jahren immer mehr in die Breite gegangen war, und seine Kondition inzwischen auch nicht mehr die allerbeste war. Nach wie vor nahm er lieber die Treppen als den Fahrstuhl, was ihm auch keine Mühe bereitete, aber die ausgedehnten Waldläufen, die er als junger Mann mehrmals die Woche absolvieren konnte, waren seit langem passé. Seine kürzlich unternommenen Versuche in diese Richtung endeten schon nach ein paar Metern mit Atemnot und Seitenstechen.

Bereits einige Jahre früher hatte er in einer anderen Angelegenheit gute Erfahrungen mit einer herkömmlichen Hypnose gemacht. Daher schien es ihm eine vielversprechende Idee zu sein, auch sein Übergewicht auf ähnliche Weise anzugehen. Vielleicht könne man das ja sogar gleich mit dem Erreichen seiner sportlichen Wünsche kombinieren, war seine Überlegung. Ihm gefiel der Ansatz der Energy-Hypnose als genau das passende Mittel der Wahl. Ich teilte ihm mit, dass ich das für einen sehr guten Gedanken hielte, zumal sich die beiden Ziele perfekt ergänzen würden.

Michael hatte bereits darüber gelesen, dass im Vordergrund steht, das Unbewusste mit allen zur Verfügung stehenden Ressourcen auf die Erreichung des persönlichen Ziels auszurichten. Denn dann funktioniert es optimal und autonom. Bewusste Willensanstrengungen sind somit nicht mehr nötig, da diese obendrein bekanntlich meist nicht sehr weit tragen. Letztlich ist es immer das Unbewusste, das die Entscheidungen trifft. Maßgeblich ist daher vor allem, sorgsam abzuklären, ob es unbewusste Hemmnisse gibt, die bislang dafür verantwortlich waren, dass ein gestecktes Ziel einfach nicht erreicht werden konnte. Diesen Vorbehalten muss dann in aller Gründlichkeit Rechnung getragen werden. Sobald dies in einer für die Gesamtpersönlichkeit und ihre individuelle Lebenssituation befriedigenden Weise geschehen ist, verwandeln sie sich sehr oft in kraftvolle Unterstützer auf dem Weg in Richtung der persönlicher Absichten, denen sie zuvor noch im Wege standen.

Dank seiner Motivation und seiner Vorerfahrung erreichte Michael schnell eine ideale Trance-Tiefe bei der es sehr einfach und effizient möglich war, ihn in den zukünftigen Zielzustand hinein zu versetzen. Sehr lebhaft konnte er visualisieren, wie er sich ein halbes Jahr in der Zukunft morgens auf die Waage stellt und auf dem Display die angestrebten 90 Kilogramm sehen kann. Intensiv genoss er dabei das gute Gefühl, das ihm dieser Erfolg bescherte. Nicht nur, dass es für ihn spürbar wurde, wie sich sein Körper mit diesem geringeren Gewicht und der erheblich verbesserten Fitness anfühlen würde, er konnte sogar das Zwitschern der Vögel vor seinem Badezimmerfenster hören. Dieser Tag würde im Frühling sein, das war ihm klar, und seine Vorstellungsgabe war in der Tat sehr lebhaft. Insgesamt dreimal gingen wir über die Adlerperspektive in Michaels Vergangenheit, um die noch nötigen Ressourcen einzusammeln und in den Zielzustand zu transferieren. Alles war großartig.

Fünf Monate später rief mich Michael an. Er war zunächst begeistert, mit welchem Elan er nach unserer Sitzung seine sportlichen Aktivitäten wieder aufgenommen hatte und nach wie vor mit großem Erfolg und viel Spaß regelmäßig absolvierte. Er hatte neben dem Laufen sogar noch einige andere Sportarten für sich entdeckt, die ihm zuvor noch gar nicht in den Sinn gekommen waren. So ging er nun zweimal die Woche ins Fitnessstudio und freitags am späten Abend ins Schwimmbad, weil dort zu dieser Zeit am wenigsten los war, und er in aller Ruhe seine Bahnen ziehen konnte, als perfekten Start ins Wochenende. Kein Wunder, dass er völlig mühelos gleich in den ersten drei Monaten rund 10 Kilo an Gewicht verloren hatte. Also sogar mehr als die Hälfte dessen, was er sich als angestrebtes Ergebnis für das halbe Jahr gesetzt hatte. Doch seither tat sich auf der Waage nichts mehr. Er ernährte sich eigentlich genauso weiter wie zuvor und auch den Sport hatte er nicht reduziert - im Gegenteil. Umso unverständlicher war es für Michael, dass sich an seinem Gewicht nichts mehr änderte, wo es doch so dynamisch losgegangen ist. Auf meine Nachfrage meinte er, dass er sich im Grunde bestens fühle und soweit ganz zufrieden mit sich sei. Aber die acht Kilo wäre er schon ganz gerne auch noch los. Es fehlte halt noch ein kleines Stück zum

Glück, und so beschlossen wir, das Geschehen nochmals in aller Ruhe und im Detail unter die Lupe zu nehmen.

Als wir uns kurze Zeit später wiedersahen, war aus der stattlichen Erscheinung eine beeindruckende geworden. Michael hatte nicht nur sichtlich an den entscheidenden Stellen abgenommen, er hatte an anderen auf höchst vorteilhafte Weise zugelegt. Der intensive Sport tat ihm sichtlich gut: Seine gesamte Ausstrahlung war überwältigend. Hinzu kam noch ein ganz besonderer Glanz in seinen Augen, der vermutlich auch mit der Frau zusammenhing, die er ein paar Wochen zuvor kennen gelernt hatte, wie er mir freudig berichtete.

Doch es blieb dabei, dass Michael seiner eigenen Einschätzung nach wie vor ein paar Kilo zu viel auf den Rippen hatte, und tatsächlich waren da noch ein paar kleinere Fettpölsterchen, deren Abschmelzen ihn gewiss noch ansehnlicher gemacht hätten. Also begannen wir ohne lange Umschweife mit der Hypnose und forschten in seinem Unbewussten, woran es liegen könnte, dass es nach dem fulminanten Start irgendwann ins Stocken gekommen war. Das Geheimnis offenbarte sich sehr rasch, zumal ich bereits vermutet hatte, dass etwas in dieser Art dahinter stecken dürfte. Unser Unbewusstes verfolgt zuallererst stets das Ziel, uns zu beschützen. Das ist in der Hypnose so, wo es permanent darüber wacht, dass nichts geschieht, was gegen unsere Werte und gegen unser Wohl verstoßen könnte. Notfalls, indem es die Trance beendet. Das ist aber auch im Alltagsleben ständig der Fall. Michael hatte zunächst innerhalb von drei Monaten rund zehn Kilogramm an Gewicht verloren. Das ist eine ganze Menge. So viel in so kurzer Zeit abzunehmen, stellt eine nicht unerhebliche Belastung für den Körper dar. Dies will erst einmal (sprichwörtlich) verdaut sein.

Somit hatte Michaels Unbewusstes entschieden, dass es vorerst genug sei und zunächst eine Pause im Abnehmprozess eingelegt werden solle, bis sich der gesamte Stoffwechsel an die neue Situation umfassend anpassen konnte. Danach möge es dann wieder weitergehen, sobald die Zeit dafür reif sein würde. Tatsächlich kam es dann auch so, dass sich weitere zwei Monate an Michaels Gewicht nichts tat, doch danach ging es überraschend plötzlich und unvermutet flott wieder voran. Es bedurfte daraufhin noch etwa fünf Monate, bis er die angestrebten 90 Kilo letztlich auf dem Display seiner Waage erblicken konnte. Inzwischen war es zwar schon Herbst geworden, aber Vogelgezwitscher war gleichwohl vor seinem Fenster zu vernehmen.

1.4.3. Neuer Weg mit sechs Schritten

Das sogenannte Six-Step-Reframing ist das zweite wichtige NLP-Format, das ich in der Energy-Hypnose einsetze. Es gehört zu den ursprünglichsten Konzepten überhaupt, die von Richard Bandler und John Grinder entwickelt worden waren. Es ist prädestiniert dafür, wenn es um Verhaltensweisen geht, hinter denen eine verborgene und oftmals höchst überraschende Motivation steckt, die so ohne Weiteres dem bewussten Verstand nicht zugänglich ist. Insofern eignet sich diese Technik, die man in etwa als 'Sechs-Stufiges-Neukontextualisieren' übersetzen könnte, auch und gerade zum Aufdecken der unter Epiphänomenen lauernden Vorgänge, mit denen wir uns im Kapitel über EMDR noch eingehend beschäftigen wollen.

Immer dann, wenn eine Person ein beständiges Muster in ihrem Handeln an den Tag legt, das ihr selbst zuwider ist, und das sie gerne abstellen möchte, dies jedoch einfach nicht schafft, liegt die Vermutung nahe, dass damit ein unbewusster Zweck verfolgt wird. Da eine zentrale NLP-Annahme besagt, dass jedes Verhalten eine positive Absicht verfolgt, wollen wir dies also auch in so einem Fall zunächst einmal unterstellen. Die Idee dabei ist, dass die Persönlichkeit eines Individuums aus verschiedenen Anteilen besteht, von denen jeder für sich stets das Edle, Hilfreiche und Gute anstrebt, oder jedenfalls das, was er dafür hält. Dummerweise passiert es aber häufig, dass diese Ziele nicht so ohne Weiteres unter einen Hut zu bringen sind. Betrachten wir einmal den Fall von ungeliebten Heißhungerattacken, wie sie uns später noch bei der Geschichte von Manuela beggnen werden - die Psychologie nennt dies mittlerweile übrigens 'Binge-Eating-Disorder' - so könnte der Konflikt bestehen zwischen einem Teil, der gerne abnehmen möchte und einem anderen, der ganz auf lustvolle Völlerei und den damit verbundenen Spaß aus ist. Gäbe es nur einen der beiden Persönlichkeitsanteile, so wäre kein Problem vorhanden. Im einen Fall würde man sich keinen Fressgelagen hingeben, im anderen könnte man diese ohne Reue und ohne Vorbehalte genießen.

Ziel der sechs Stufen ist es daher, Schritt für Schritt zunächst die Intention hinter dem unerwünschten Verhalten aufzudecken, um diese anschließend zu 'reframen', was auf Deutsch in etwa 'neu rahmen' bedeutet. Es geht mithin darum, andere Handlungsalternativen zu finden, welche die positive Absicht ebenfalls zu erfüllen in der Lage sind, jedoch keine Konflikte mehr in der Persönlichkeitsstruktur hervorrufen.

An dieser Stelle möchte ich ein bisschen Reklame für mein Buch "Energy-Hypnose - Hypnose professionell anwenden" machen, das eigens als umfassendes Lehrbuch konzipiert ist und daher diverse Übungen sowie ein kommentiertes Protokoll einer kompletten Sitzung enthält. Im Kontext dieses Transkripts findet sich auch eine ausführliche Beschreibung eines Six-Step-Reframings am Beispiel einer Raucher-Entwöhnung. Daher beschränke ich mich hier auf die formale Darlegung des Ablaufs der Technik:

1. Kontakt mit dem Problemteil etablieren
2. Trennen von Verhalten und Absicht
3. Höchste positive Absicht finden
4. Herausarbeiten von Alternativen
5. Öko-Check
6. Future-Pace

<u>1. Kontakt mit dem Problemteil etablieren</u>
Zunächst wird der Klient gebeten, in seinem Inneren den Kontakt zu dem Teil seiner Persönlichkeit herzustellen, der das unerwünschte Verhalten hervorbringt. Mit diesem Teil wird in stets wertschätzender Weise kommuniziert, z.B. indem man ihm für seine Kooperationsbereitschaft ausdrücklich dankt. Zusätzlich wird ihm explizit versichert, dass alles, was von nun an geschieht, nur mit seiner ausdrücklichen Billigung erfolgen wird. Sie können bereits daran erkennen, dass dieser und die noch folgenden Persönlichkeitsanteile angesprochen und behandelt werden wie eigenständige Individuen. Nach Belieben können unter Umständen zusätzlich auch noch eigene Namen dieser Teile erfragt oder gefunden werden.

<u>2. Trennen von Verhalten und Absicht</u>
Im zweiten Schritt geht es darum, den Teil zu bitten, die Intention hinter dem Verhalten mitzuteilen. Dabei ist es absolut ausreichend, wenn er diese lediglich den Klienten selbst intern wissen lässt, und der

Hypnotiseur nur durch ein Fingersignal erfährt, dass dies geschehen ist. Häufig sind die Offenbarungen sehr persönlich und ungewöhnlich, und daher ist es meist sehr angenehm für den Klienten zu wissen, dass er diese für sich behalten kann. Obendrein bietet es keine erkennbaren Vorteile, wenn der Informationsaustausch zwischen Klient und Therapeut an dieser Stelle auf die Inhaltsebene ausgedehnt wird.

3. Höchste positive Absicht finden
Meistens ist diese erste ans Licht kommende Motivation jedoch nur so eine Art Zwischenschritt, und es verbergen sich dahinter noch andere wichtige Interessen. Somit schließt sich als nächster logische Abschnitt die Frage an: "Gibt es ein Ziel, das noch wichtiger ist, und welches Du mit dem eben genannten Zweck erreichen möchtest?". Wird dies bejaht, so wird der Teil erneut gebeten, diese höhere Absicht ebenfalls dem Klienten mitzuteilen und dies dann anzuzeigen. Wie Sie sicherlich schon vermuten, muss auch dies noch nicht die höchste positive Absicht sein, so dass fortan die beschriebene Prozedur einfach so oft wiederholt wird, bis schließlich angezeigt wird, dass es keinen weiteren dahinterstehenden Zweck zu erfüllen gibt. Mithin ist der Sinn dieses Schrittes erreicht, und die höchste positive Absicht ist gefunden, die bislang durch das ungeliebte Verhalten zu erreichen versucht wurde. An dieser Stelle gilt noch abzuklären, ob der Persönlichkeitsanteil dieses Ziel auf diese Weise tatsächlich erreicht. In aller Regel wird daraufhin ein Nein-Signal folgen. Doch auch, wenn dies nicht der Fall sein sollte, so wird die nunmehr so oder so angefügte Frage: "Bist Du daran interessiert, noch zusätzliche Verhaltensalternativen zu haben, die Dein Ziel genauso gut oder sogar besser zu verwirklichen in der Lage sind als das bisherige?", eigentlich stets mit einem klaren: "Ja!" erwidert. Ich habe jedenfalls noch nie etwas anderes erlebt, und es wäre ein sicheres Zeichen, dass irgendetwas grundlegend verkehrt läuft, sei es in dem Verfahren oder in der Persönlichkeit des Klienten, bis hin zu einer womöglich unerkannten psychotischen Störung. Unter solchen Gegebenheiten ist ein Weiterarbeiten keinesfalls empfehlenswert.

4. Herausarbeiten von Alternativen
Die Interaktion mit dem Teil, der das Problemverhalten hervorgebracht hatte, ist damit vorerst beendet, und es geht nun darum, die angedeuteten Verhaltensalternativen zu finden. Zu diesem Zweck wird ein kreativer Persönlichkeitsteil angesprochen, der die gesamte Originalität und Phantasie sowie den kompletten

Erfindungsreichtum des Klienten umfasst. Dieser Teil wird gebeten, nach und nach fünf neue Handlungsweisen zu finden, welche die höchste positive Absicht mindestens so gut oder am liebsten sogar noch viel besser erfüllen. Auch hier ist nicht notwendig, dass mitgeteilt wird, worum es sich dabei im Einzelnen handelt, sondern der Klient soll lediglich mit einem Fingersignal anzeigen, sobald er die fünf Varianten gefunden hat. Daraufhin wird erneut der ursprüngliche Teil angesprochen, denn dieser darf und soll nun auswählen und entscheiden, welche dieser fünf Alternativen er zukünftig verwenden möchte. Erinnern Sie sich bitte, wie wir ihm in Schritt Eins versprochen hatten, dass nichts ohne seine explizite Zustimmung geschehen werde. Diese Zusicherung lösen wir nun ein. Befindet er mindestens drei der neuen Handlungsmöglichkeiten als für ihn wünschenswert, so ist dieser Schritt vollendet. Andernfalls wenden wir uns noch einmal an den kreativen Teil, um noch weitere Varianten zu finden. Drei Möglichkeiten zur Auswahl sollten es mindestens sein, denn Richard Bandler weist gerne zutreffend darauf hin, dass im Falle von nur einer Möglichkeit ja überhaupt keine Wahl getroffen werden könne, sondern der Mensch in so einer Situation wie ein Automat funktionieren müsse. Bei zwei Alternativen steckt man in einem Dilemma; auch keine wirklich angenehme Aussicht. Erst ab drei Varianten besteht so etwas wie echte Entscheidungsfreiheit.

5. Öko-Check
Im fünften Schritt gilt es zu überprüfen, ob die neuen Verhaltensmöglichkeiten auch tatsächlich im Gesamtinteresse des Individuums liegen, indem wir uns mit deren ökologischer Qualität beschäftigen, wie bereits im Kapitel über die 'Ziele' angesprochen wurde. Das Unbewusste des Klienten wird daher befragt, ob sich in ihm irgendwelche Teile finden, die Vorbehalte gegen die angestrebte Veränderung hegen. Dies ist der beste Zeitpunkt, diese aufzuzeigen, auch jetzt wieder durch einfache Fingersignale. Denn nur dann, wenn die gesamte Persönlichkeit an einem Strang zieht, ist die Zielerreichung garantiert. Melden sich Einwände, so können sie sehr oft berücksichtigt werden durch das Einfügen weiterer Ressourcen, analog den Beschreibungen beim Ziele-Prozess, oder durch das Vereinbaren einer Probezeit für das veränderte Verhalten. In hartnäckigeren Fällen kann auch nochmals der kreative Teil angesprochen werden, um weitere Alternativen zu kreieren, gegen die es dann hoffentlich keine Beanstandungen mehr gibt. Schließlich besteht bei sehr gravierenden Bedenken noch die Option, mit den

ablehnenden Teilen ein eigenständiges Six-Step-Reframing durchzuführen, um die sicherlich positiven Motive zu ergründen und angemessen zu würdigen. Dies wird jedoch nur sehr selten tatsächlich erforderlich sein, ist dann aber umso entscheidender für den Erfolg.

<u>6. Future-Pace</u>
Um die Überbrückung der Veränderung in zukünftiges Verhalten zu gewährleisten, wird der Klient abschließend gebeten, sich intensiv in seiner Vorstellung in einen späteren Zeitpunkt hineinzuversetzen und sich auszumalen, wie es dann sein wird, wenn seine neuen, veränderten Möglichkeiten bereits schon seit geraumer Zeit zum Alltag geworden sein werden. Diese Vorgehensweise ist schon seit langem in der Kognitiven Verhaltenstherapie unter dem Begriff 'Antizipation' üblich und hat sich bewährt, um einen mentalen Vorgeschmack auf das neue Erleben zu bieten. Gewiss sind Ihnen auch nicht die Parallelen zum Prozedere des Ziele-Prozesses entgangen,

1.4.4. Angstfrei mit Turbo

Richard Bandler entdeckte das Format mit dem Namen 'Schnelle-Phobie-Technik' zufällig im Zusammenhang mit der panischen Angst eines Seminarteilnehmers vor Fahrstühlen. In der weiteren Entwicklung zeigte sich, dass die Anwendung nicht auf klinische Formen von Phobien beschränkt ist, deren Behandlung übrigens in Deutschland rechtlich nur dem ausgebildeten Psychiater, Psychologen oder Heilpraktiker vorbehalten ist, sondern jenseits davon immer dann erfolgversprechend eingesetzt werden kann, wenn es darum geht, eine hinderliche oder unerwünschte Reiz-Reaktions-Koppelung zu verändern. Dies umfasst z.B. starke Furcht vor kritischen Bemerkungen anderer oder übertriebenes Lampenfieber und Prüfungsangst ebenso wie etwa auch ein unwiderstehliche Verlangen beim Anblick von Süßigkeiten.

Die dahinter stehende Idee besagt, dass der Betroffene irgendwann in der Vergangenheit eine bestimmte Erfahrung gemacht hatte, in welcher der auslösende Reiz mit einer akuten Bedrohung verbunden war. Dabei muss es noch nicht einmal zwingend irgendeinen kausalen Zusammenhang zwischen dem Stimulus und der Gefahr gegeben haben. Da das menschliche Nervensystem zum einen sehr schnell lernt, reicht ein einziges dramatisches Erlebnis manchmal aus, um so ein Reaktionsmuster zu begründen. Zum anderen neigt das Gehirn zu Generalisierungen, was zur Folge hat, dass es einen emotionalen Effekt fortan ausdehnt auf alle Situationen, die in irgendeiner Weise an die Ursprungserfahrung erinnern. Kann dieses Primärerlebnis identifiziert werden, so besteht der Ansatz der Schnelle-Phobie-Technik vornehmlich darin, dieses zeitlich rückwärts zu durchlaufen und dadurch die damals entstandenen neuronalen Verknüpfungen wieder zu löschen. In der Folge sollte darum ein sinnvoller und angemessener Umgang mit den entsprechenden Umständen möglich sein, was durchaus einen gesunden Respekt vor gefährlichen oder riskanten Kontexten beinhaltet. Halsbrecherisches Draufgängertum ist jedenfalls keine wünschenswerte Alternative zu übertriebenen Panikattacken, sondern die realistische Einschätzung von Chancen und Risiken sowie die daraus resultierende Fähigkeit zu nüchterner und sachlich angemessener Reaktion.

1. Doppelte Dissoziation
2. Anfangsbild
3. Filmvorführung vorwärts
4. Schlussbild
5. Assoziation
6. Schnelles rückwärts abspulen
7. Future-Pace

1. Doppelte Dissoziation
Um die emotionale Beteiligung des Klienten zu unterbrechen, verwenden wir mehrere kleine Tricks. Bedenken Sie, dass es sich bei der Ursprungserfahrung in aller Regel um ein für den Betroffenen ziemlich dramatisches Erlebnis gehandelt haben dürfte, denn sonst wäre daraus nicht die starke negative Reaktion mit dem deutlichen Leidensdruck entstanden, die ihn veranlasst hat, sich hat an uns zu wenden. Die zentrale Methode dabei ist, dass er sich vorstellt, im Zuschauerraum eines Kinos zu sitzen und auf die Leinwand zu schauen, auf der später das angstauslösende Geschehen als Film mit ihm als Hauptdarsteller gezeigt werden wird. Diese Herangehensweise wird auch in der klassischen Verhaltenstherapie eingesetzt und ist dort als Screen-Technik bekannt. Die gedanklich Projektion des Erlebten

auf eine imaginäre Kinoleinwand stellt eine einfache Dissoziation dar und ist manchmal vollkommen ausreichend. Doch in vielen Fällen wird auch beim direkten Betrachten eines Films immer noch eine merkliche gefühlsmäßige Anteilnahme stattfinden, die es tunlichst zu vermeiden gilt. Daher hat es sich generell als vorteilhaft erwiesen, dass sich der Klient zusätzlich vorstellt, beispielsweise vom Raum des Filmvorführers aus sein im Zuschauerraum sitzendes Double dabei zu beobachten, wie dieses den Film betrachtet. Durch diese nun doppelte Dissoziation wird in der Regel ausreichend Distanz zur Handlung auf der Leinwand hergestellt. Dieser Effekt wird noch verstärkt, indem die Vorführung in Schwarz-Weiß und ohne Ton stattfinden wird. In der Hinterhand können Sie noch halten, den Film gegebenenfalls unscharf oder dunkler zu machen oder die Leinwand zu verkleinern, sollten immer noch spürbare Gefühle beim Klienten entstehen. Ich musste darauf jedenfalls noch nie zurückgreifen.

2. Anfangsbild
Nun erscheint auf der Leinwand ein schwarz-weißes Standbild der Situation vor den eigentlichen Ereignissen, also von einem Zeitpunkt, als noch alles in Ordnung war, und sich der Klient in Sicherheit befand. Nochmals können Sie nachfragen, ob er sich mit dieser Art der Darstellung wohlfühlt und ob völlig klar ist, was er tun soll.

3. Filmvorführung vorwärts
Denn jetzt beginnt die Vorführung des farblosen Stummfilms aus der sicheren, doppelt dissoziierten Position, in der keine nennenswerte emotionale Beteiligung gegeben sein sollte. Bei kürzeren Sequenzen kann das Erlebnis durchaus vollständig und in Echtzeit abgespult werden. Lediglich im Falle von zeitlich sehr ausgedehnten Vorkommnissen empfiehlt es sich, den Film ganz oder teilweise im Zeitraffer anzuschauen, bzw. weniger wichtige Abschnitte zu überspringen.

4. Schlussbild
Die Vorstellung endet an einem Punkt nach dem Ereignis, bei einem Moment, an dem alles überstanden war und sich der Klient wiederum in Sicherheit befand. Der Film wird also an dieser Stelle angehalten, und auf der Leinwand ist dieses Schlussbild zu sehen.

5. Assoziation
Der Klient assoziiert sich nunmehr mit sich selbst auf der Leinwand, steigt also quasi in das Standbild ein und sieht die Situation aus seinen Augen heraus. Genauso, wie er sie damals gesehen hat, d.h. natürlich auch in Farbe.

6. Schnelles rückwärts abspulen
Sobald er sich dazu bereit fühlt, durchläuft der Klient auf ein Kommando des Coach hin, z.B.: "Jetzt!", das gesamte Ereignis sehr schnell rückwärts, und zwar assoziiert, in Farbe und mit Ton. Dafür darf er nicht mehr als drei bis vier Sekunden benötigen. Der Prozess endet dann wieder bei dem Anfangsbild, das vor dem Ereignis lag. Hier steigt er abermals aus dem Film aus, dissoziiert sich erneut doppelt, und der gesamte Ablauf wird wiederholt, insgesamt mindestens fünfmal. Zwischen den einzelnen Durchgängen kann immer mal nachgefragt werden, was sich verändert hat, vor allem in Bezug auf die mit dem Erlebnis verbundenen Gefühle. Bei Bedarf können natürlich auch noch mehr Wiederholungen absolviert werden, bis das Ergebnis rundum befriedigend ist, d.h. die unerwünschte Reaktion völlig beseitigt wurde.

7. Future-Pace
Den Abschluss bildet auch hier die Orientierung auf die Zukunft. Der Klient stellt sich dazu eine kommende Situation vor, die bislang die ungewünschten Folgen hervorgerufen hätte. Einerseits wird dadurch die wiedergewonnene Verhaltensfreiheit generalisiert, andererseits lässt sich dadurch sehr effektiv überprüfen, inwieweit die Intervention tatsächlich erfolgreich war. Im Idealfall kann nun vielleicht sogar gleich in der Realität getestet werden, wie erfolgreich die Intervention war. Beispielsweise im Fall von vorheriger Höhenangst auf einen Balkon gehen und beobachten, was passiert und wie der Klient reagiert.

Karl - Visualisieren mit zu viel Gründlichkeit

Karl war ein alter Bekannter, der oft und gerne mit sich und dem Leben haderte. Eigentlich intelligent und ehrgeizig, hatte er es dennoch nicht besonders weit gebracht. Er lebte stets einfach so in den Tag hinein, wohnte seit seinen weit zurückliegenden Studentenzeiten in einem dunklen Einzimmerappartement und hielt sich mit mehreren kleinen Jobs über Wasser, die allesamt nicht seinen eigentlichen Möglichkeiten entsprachen. Die meisten davon hatte er sogar schon gemacht, um sein früheres Betriebswirtschaftsstudium zu finanzieren. Inzwischen ging er zügig auf die Vierzig zu, hatte immer mal wieder Pläne, was er denn nun beruflich und überhaupt in seinem Leben machen wolle, doch draus geworden ist nie etwas. Beziehungstechnisch sah es bei Karl ebenfalls eher trüb aus. Seine längste Partnerschaft dauerte rund fünf Jahre und lag auch schon etwa genauso lange zurück. Seither tat sich in diesem Bereich nicht mehr viel. Die wenigen Frauen, die er ab und zu mal kennengelernt hatte, verloren spätestens nach ein paar Begegnungen das Interesse und meldeten sich nicht mehr oder fanden beständig allerlei durchsichtige Ausreden, warum sie sich nicht mehr mit ihm treffen wollten. Die eine oder andere kam zwar freundschaftlich ganz gut mit ihm aus, denn er war im Grunde ein recht netter Kerl, aber an mehr bestand eben doch kein Interesse. Dies wiederum war für Karl zu wenig.

Nun ergab sich überraschend die Chance, dass er sich für eine lukrative Festanstellung in einer renommierten Firma vorstellen sollte. Seine Unterlagen trafen in der Personalabteilung offenbar auf Interesse, und somit wollte man Karl auch persönlich kennenlernen. Natürlich ist ein Bewerbungsgespräch für niemanden ein wirklich angenehmes Unterfangen, aber für ihn wuchs es sich mehr und mehr zu einem Horrorszenario aus, je näher der angesetzte Termin rückte. So kam es, dass er mich um Hilfe ersuchte, und ob man denn da nicht mit Energy-Hypnose was machen könne.

Ich dachte bei mir, dafür seien Freunde ja schließlich da, und ich würde mich auch ziemlich für ihn freuen, wenn er den Job bekäme. Darum bat ich ihn eines Sonntags zu mir, natürlich unentgeltlich, bzw. mit dem Hinweis, er könne mich ja mal zum Essen einladen. Als sinnvollste Herangehensweise für sein Problem erschien mir, ihn zunächst in eine leichte Trance zu führen und anschließend durch die Schnelle-Phobie-Technik zu begleiten, bevor eine vertiefte Hypnose dazu dienen sollte, ihn optimal auf exakt den bevorstehenden Termin auszurichten. Sicherlich wäre es erforderlich, so dachte ich mir, die Ursache für seine völlig übertriebenen Befürchtungen anzupacken, so dass er einigermaßen gelassen in das Gespräch mit seinem Arbeitgeber in spe gehen könne.

Also machten wir uns gemeinsam auf die Suche nach früheren Erlebnissen, bei denen er sich ebenso gefühlt hatte wie bei dem Gedanken an den Vorstellungstermin. Es dauerte auch nicht lange, bis ihm einfiel, dass er während seines Studiums einmal einen Vortrag vor seinen Kommilitonen halten musste, der in einem völligen Desaster endete. Er war damals vor der Tafel gestanden, augenblicklich war ihm übel und schwarz vor Augen geworden. Ein paar Sätze seines Vortrags konnte er stotternd zum Besten geben, bevor Stimme und Verstand den Dienst versagten. Sowohl sein Professor als auch die anderen Studenten waren voller Verständnis und ausgiebig bemüht, ihn zu unterstützen. Es half nicht viel. Nachdem er sich gesetzt und ein Glas Wasser getrunken hatte, war er immerhin in der Lage, mit zitternder Stimme den Rest seines Referates abzulesen. Die Note war entsprechend schlecht, allerdings ist er nicht durchgefallen, denn die Arbeit als solche war absolut in Ordnung, nur die Präsentation katastrophal. So in etwa muss sich der Professor wohl ausgedrückt haben.

Den ersten Schritt des Formates 'Schnelle-Phobie-Technik', nämlich sich von der Erinnerung doppelt zu dissoziieren und das Geschehen auf einer Leinwand ablaufen zu lassen, verstand Karl auf Anhieb. Ich gab ihm noch ein paar Entspannungssuggestionen und wies ihn an, die Augen zu schließen und jenes Erlebnis aus seiner Studienzeit in der beschriebenen Weise ablaufen zu lassen. Sobald er am Ende angelangt sei, an der Stelle, an der sein Vortrag beendet war, und er sich sozusagen wieder in Sicherheit befand, sollte er die Augen wieder öffnen und mir Bescheid geben. Ich würde derweil einfach schweigen und abwarten, bis er fertig sei.

Zunächst ließ es sich gut an, denn aufgrund der Bewegungen der Augäpfel hinter seinen Lidern konnte ich gut erkennen, dass sich bei Karl viel tat und er eifrig visualisierte. Ich musste also einfach warten, bis er fertig sein würde. Es vergingen zehn Minuten, und er war immer noch beschäftigt. "Gut, das ist ja auch ein umfangreicheres Erlebnis gewesen.", dachte ich derweil. Als nach zwanzig Minuten immer noch nichts kam, begann ich doch ein wenig erstaunt zu sein, wollte ihn in seinem Prozess aber auch nicht unterbrechen, er würde ja sicherlich jeden Moment damit durch sein. Nach einer halben Stunde, die für mich einerseits zunehmend langweiliger wurde, andererseits auch die Zeit begann, etwas zu drängen, denn ich war im Anschluss an unsere Session noch mit einem Freund in einem Restaurant verabredet, fragte ich Karl kurzerhand, wie weit er denn inzwischen mit dem Abspulen der Geschichte gekommen sei. "Ja, so etwa das erste Drittel habe ich jetzt durchlaufen!", war seine Reaktion. Die Antwort ließ mich fast vom Stuhl kippen und machte mich vorübergehend etwas sprachlos. Diesmal begann ich, ein wenig zu stottern und erzählte ihm, dass er das Ganze am besten deutlich beschleunigt durchlaufen solle, wie im Zeitraffer. Weitere zehn Minuten später war Karl immer noch beschäftigt, mir wurde abwechselnd heiß und kalt, und ich forderte ihn schließlich auf, zügig zum Ende der Geschichte fortzufahren. Es dauerte nochmals gut fünf Minuten, bis er die Augen aufschlug und mitteilte, dass er nun die gesamte Erinnerung angeschaut hätte. Tatsächlich hätte dies sogar länger gedauert als das reale Geschehen seinerzeit, denn er sei immer wieder ins Stocken geraten und habe dann von vorne angefangen.

Soweit, so gut bzw. nicht gut. Für eine sorgfältige Vollendung des Formates war mittlerweile keine Zeit mehr, ich war obendrein einigermaßen entnervt und somit in keinem ressourcevollen State mehr, wie die NLPler sagen würden. Dennoch zogen wir das schnelle rückwärts Durchlaufen der prägenden Erfahrung immerhin noch dreimal durch. Diesmal gab ich Karl auch ganz klar zu verstehen, dass er für diese Durchgänge nur ein paar Sekunden brauchen dürfe, damit es wirke. Die ursprünglich vorgesehene Hypnose zur Vorbereitung auf sein Vorstellungsgespräch musste jedoch entfallen, denn ich war ohnehin schon spät dran.

Wie er mir eine Woche später berichten konnte, war unsere Sitzung für Karl trotz des holprigen Verlaufs insofern durchaus erfolgreich, als dass er im Anschluss keine große Panik mehr angesichts des Termins hatte und sich auch während des Vorstellungsgesprächs sehr ruhig und souverän präsentieren konnte. Den Job bekam er allerdings dennoch nicht. Für mich war das Interessante an der Erfahrung, dass man zum einen bei den Anweisungen an den Klienten gar nicht präzise genug sein kann; ist man zu vage, können einem alle möglichen bösen Überraschungen blühen, die man sich vorher auch mit der lebhaftesten Phantasie gar nicht auszumalen vermag. Doch das ist primär eine Frage der Erfahrungen, die man wohl einfach machen muss, denn auch im therapeutischen Bereich ist noch keine Meister vom Himmel gefallen. Zum anderen war ich allerdings durchaus fasziniert, dass selbst ein in der Durchführung im Grunde reichlich verhunztes Format immer noch in der Lage sein kann, deutliche Effekte hervorzurufen. Auch dies möchte ich Ihnen daher gerne mitgeben: So viel können Sie gar nicht falsch machen, als dass Sie nicht dennoch etwas bewirken. Seien Sie am besten einfach ganz gelassen, denn das ist weit entscheidender als perfekte Ausführung.

1.5. Vertiefung mit Dynamik

Das Durcharbeiten einer Thematik mittels eines der drei beschriebenen Formate Ziele-Prozess, Six-Step-Reframing oder Schnelle-Phobie-Technik bildet somit den ersten Abschnitt des Suggestionsteils. Wie unschwer nachvollzogen werden kann, befindet sich der Klient hierbei meist in einer eher mittleren Trance, denn ihm wird aktive und teils auch durchaus fordernde Mitarbeit und Interaktion abverlangt. Daher schließt sich daran umgehend eine Phase an, die der energetischen Festigung der zuvor erreichten Neustrukturierungen dienen soll. Hier darf und soll der Hypnotisand völlig passiv sein und eine sehr tiefe Entspannung genießen. Die vorhergehende Aktivität ist durchaus dienlich für den Zweck, dass der Klient nun umfassend bereit ist, sich noch sehr viel weiter in die angenehme Trance hinein zu begeben sowie meist auch zügig und mühelos einen somnambulen Zustand zu erreichen, der mit einer hohen Suggestibilität verbunden ist. Diese völlige Entspannung bietet die beste Voraussetzung, um mit Zeitverzerrung, Suggestionen zur Festigung der erzielten Veränderungen, posthypnotischen Befehlen und Amnesieanweisungen zu agieren.

Daher ist dies der optimale Zeitpunkt, diverse deutlich direktere Instruktionen zu geben, um die erreichten Fortschritte zu festigen. So haben sich gerade im Zusammenhang mit Gewichtsoptimierung Suggestionen bewährt wie:

- "Du weißt genau, welche Nahrung für Dich gut ist!"
- "Sobald Du satt bist, beendest Du die Mahlzeit!"
- "Du erreichst Dein Gewichtsziel leicht und perfekt!"
- "Du hast jetzt alle Fähigkeiten, um Dein Ziel zu erreichen!"

Zusätzlich verwende ich in dieser Phase regelmäßig einen selbstkalibrierenden Ressourcenanker in der Form einer Armlevitation. Das klingt sehr anspruchsvoll, ist jedoch eine sehr einfache Methode. Dabei wird ein Arm des Klienten angehoben, verbunden mit der Aufforderung, diesen starr ausgestreckt in der Luft zu halten und " ihn nicht schneller auf den Oberschenkel herabsinken zu lassen, bis alle notwendigen Anpassungen im Unbewussten vollständig integriert sind!". Dadurch wird für den Hypnotiseur von außen erkennbar, wann alle Veränderungen ihren Platz in der unbewussten Persönlichkeit gefunden haben, und der Prozess damit zum Abschluss gekommen ist. Die Zeitspanne, die dafür in Anspruch genommen wird, variiert von Individuum zu Individuum erheblich, aber oft auch von Thematik zu Thematik bei ein und derselben Person. Manchmal dauert es nur wenige Sekunden, bis der Arm herabfällt. Ich hatte aber auch schon Fälle, wo es bis zu 45 Minuten dauerte. Dann ist es meist so, dass sich Perioden, in denen der Arm sinkt, abwechseln mit solchen, in denen er wieder nach oben steigt. Dies zeigt nichts anderes, als dass der Klient selbst immer wieder neue Ressourcen aktiviert, und sich der Arm, der diesbezüglich als Anker, bzw. Signalgeber dient, in jeweils passender Weise ausrichtet. Ich war in diesem Zusammenhang schon des Öfteren erstaunt, mit welcher Ausdauer Menschen in der Lage sind, einen Arm ausgestreckt halten zu können. Eine Leistung, die im Wachzustand eigentlich kaum vollzogen werden kann.

Ein weiterer wichtiger Aspekt ist noch die Zeitverzerrung, die ich ebenfalls verwende, um die Neuprogrammierung des Unbewussten zu unterstützen. Insbesondere die Ausdehnung des subjektiven Zeitempfindens, die in hypnotischer Trance möglich wird, bildet einen wichtigen Bestandteil des Energy-Hypnose-Schemas und wird bei anderen Hypnoseanwendungen leider kaum eingesetzt. Selbst Milton H. Erickson hat nur selten damit gearbeitet, obwohl er schon sehr frühzeitig Untersuchungen zu diesem Phänomen angestellt und veröffentlicht hatte. Interessanterweise ist es durchaus möglich, dass eine hypnotisierte Person zum Teil sogar hochkomplexe Abläufe und

Aktivitäten in ihrer Vorstellung durchlaufen kann, die in ihrem subjektiven Erleben manchmal mehrere Stunden dauern (und im realen Geschehen auch so viel Zeit in Anspruch nehmen würden), dabei aber tatsächlich nur wenige Sekunden Echtzeit vergehen. Dadurch lassen sich auf sehr elegante Weise mittels geeigneter Suggestionen Teil-Sequenzen des therapeutischen Prozesses extrem beschleunigen, zumal mit dieser Zeitexpansion offenbar auch eine erhebliche Steigerung der geistigen Fähigkeiten des Hypnotisanden einhergehen. Das Anwendungsspektrum reicht vom Einüben mentaler Fähigkeiten über das Durchleben vergangener Erlebnisse bis zum atemberaubend schnellen Erbringen kreativer Spitzenleistungen. Letzteres bedarf allerdings einer gewissen Erfahrung mit Hypnose und Zeitverzerrung, ist dann aber umso beeindruckender.

Buchstäblich nicht vergessen werden sollten noch verschiedene Amnesiesuggestionen, denn es ist von Vorteil, wenn das Bewusstsein des Klienten nach der Hypnose möglichst wenig von dem erinnert, was während dieser geschehen ist. Je ungestörter von kritischen Vorbehalten das Unbewusste von nun an den neuen Weg gehen kann, desto reibungsloser und zielstrebiger wird es diesen verwirklichen können. Daher denke ich stets daran, darauf hinzuweisen, dass das Bewusstsein sich nur an die Dinge zu erinnern bräuchte, die es unbedingt wissen müsse, und alles andere vergessen könne und solle.

1.6. Zurück mit Sicherheit

Den letzten Teil einer Hypnose bildet das sogenannte Extro, also die Rückorientierung des Probanden in das Hier und Jetzt. Es kann gar nicht genug betont werden, dass dies den eigentlich wichtigste Abschnitt des gesamten Prozesses darstellt, jedenfalls den, bei dem die größte Sorgfalt angebracht ist. Scheitert das Intro, so ist der Klient halt nicht in Trance. Missglückt der Suggestionsteil, dann stellen sich die gewünschten Effekte eben nicht oder nur teilweise ein. Kommt der Klient jedoch nicht mehr richtig aus der Hypnose heraus, so kann dies fatale Folgen haben. Denken Sie nur, was alles passieren kann, wenn im Anschluss Teilnahme am Straßenverkehr vorgesehen ist. Denn dafür muss man sich in vollem Wachbewusstsein befinden.

Die Mär, dass Leute überhaupt nicht mehr aus der Trance erwachen könnten, dürfen Sie im Übrigen getrost ad acta legen. Spätestens dann, wenn die Natur ihr Recht verlangt, erwacht auch der Hartnäckigste wieder.

Technisch vollzieht sich das Extro spiegelbildlich zum Intro. Der Hypnotiseur spricht auf das Einatmen des Klienten, geht mit der Stimme am Ende seiner Sätze nach oben, redet am besten auch merklich lauter und bestimmter. Schließlich lenkt er die Aufmerksamkeit wieder mehr und mehr auf die Reize aus der Umgebung. Zusätzlich hat sich auch das Zählen in entgegengesetzter Richtung der Induktion bewährt, ebenso wie der Hinweis: "Ihr Puls und Ihr Blutdruck sind nun wieder völlig wie im normalen Wachzustand, Ihre Muskeln sind stark und Sie fühlen sich frisch und ausgeruht wie nach einem langen, erholsamen Schlaf!"

Sobald der Klient die Augen aufgemacht hat, bietet es sich an, dass er sich ausgiebig strecken und dehnen sowie etwas Wasser trinken solle, um sich wieder vollständig in der Realität zu orientieren. Eine ausgezeichnete Idee ist es in jedem Fall auch, vor dem Besteigen eines Autos noch eine Weile an der frischen Luft spazieren zu gehen.

1.7. Fragen mit Bogen

Völlig unterschätzt wird meiner Meinung nach gemeinhin das Potenzial, das sich bereits im Vorfeld eines Hypnose-Termins bietet, indem der Klient einen entsprechend gestalteten Fragenkatalog ausfüllt, was mithin faktisch eine fünfte und entscheidende Phase des Energy-Hypnose-Prozesses bildet. Damit beginnt die Neuausrichtung der Persönlichkeit im Idealfall bereits einige Tage vor der eigentlichen Intervention. Zusätzlich ermöglicht die Beantwortung der Fragen dem Therapeuten äußerst wertvolle Einblicke in den Charakter des Klienten sowie die Struktur seines Themas. Dadurch ist er in der Lage, die persönliche Begegnung optimal vorzubereiten, ohne unnötig Zeit mit umständlichen Vorgesprächen verbrauchen zu müssen. Dies ist ein wesentlicher Grund dafür, dass die Vorgehensweise der Energy-Hypnose so effizient ist und für die meisten Fragestellungen, wie beispielsweise Raucherentwöhnung oder Gewichtsoptimierung, ein einziger Termin vollkommen ausreichend ist, während andere dafür meist eine ganze Batterie von Treffen ansetzen. Letzteres hat sicherlich häufig auch finanzielle Hintergründe. Meine eigenen Feldversuche, die ich diesbezüglich inkognito auch einst unternommen hatte, zeigten mir jedenfalls, dass oft über mehrere Termine hinweg stets mehr oder weniger exakt dasselbe gemacht wird, unter dem Vorwand, dies würde die Effekte verstärken. Meiner Erfahrung nach ist das jedoch unsinnig. Sobald man im Unbewussten die entscheidenden Hebel umgelegt hat, sind irgendwelche 'Verstärkungen' schlichter Nonsens und überflüssig. Durchaus möglich ist allerdings, dass man den Knackpunkt noch nicht gefunden hat. In diesem Fall bringt es jedoch wenig, das Gleiche noch ein paarmal zu wiederholen. Schon Paul Watzlawick wurde nicht müde, darauf hinzuweisen, dass 'mehr von demselben' selten erfolgreich sein wird. Wenn etwas nicht funktioniert, dann hilft nur 'etwas anderes'. Vor allem lässt sich ohnehin erst im Nachhinein feststellen, ob noch Weiteres erforderlich ist. Es ist daher wenig seriös, schon vorher eine größere Anzahl an Terminen zu vereinbaren. Besonders erstaunt bin ich auch immer wieder über stark adipöse und kettenrauchende Anbieter, die ihren Kunden versprechen, zu Nichtrauchen und Modelfigur zu verhelfen. Das gibt es allen Ernstes! Meiner Meinung nach sollte jedoch der Grundsatz gelten: "Walk what you talk!"

Zurück zum Fragebogen: Um den optimalen Effekt zu generieren, sollte dieser am besten eine Woche bis spätestens zwei Tage vor dem Hypnose-Termin ausgefüllt werden. Dann sind die damit angestoßenen mentalen Prozesse bestens gereift. Besonders wichtig ist dabei, den Klienten dazu zu bewegen, das Ziel ausführlich und in eigenen Worten schriftlich zu formulieren. Dies allein kann oft schon einen immensen Impuls bewirken, getreu dem alten Chinesischen Sprichwort: "Selbst die schwächste Tinte ist stärker als das beste Gedächtnis!". Zusätzlich soll auch überdacht und angeben werden, wie ausgeprägt die Motivation eigentlich ist. Gerade bei den 'Besuchern' kann dadurch oft schon herausgefunden werden, dass der persönliche Ansporn eigentlich zu gering ist, um mit einem Erfolg rechnen zu können. Daher ist es durchaus legitim, an dieser Stelle darüber nachzudenken, ob das Vorhaben nicht lieber in toto hintangestellt werden sollte; zumindest vorerst. Dies spart in jedem Fall Geld und mögliche Enttäuschungen. Es kann ja durchaus sein, dass irgendwann später die Zeit dafür gereift sein wird.

Besonders wertvoll ist es, nach den möglichen Motiven hinter dem angegebenen Ziel zu fragen. Damit soll schon vorab eine unbewusste Suche nach der tieferen Absicht angeregt werden. Wir haben dies ja bereits im Abschnitt über das Six-Step-Reframing ausführlich kennengelernt. Typischerweise kann allerdings nicht erwartet werden, dass der Klient in diesem Stadium angeben kann oder wird, was hinter seinem vordergründigen Anliegen noch verborgen sein könnte. Doch dies ist unerheblich, denn zum einen geht es darum, intrapsychische Abläufe auszulösen, die dann beim persönlichen Treffen hinreichend entwickelt sein werden. Zum anderen eröffnen die Antworten dem geschulten und erfahrenen Blick des Coach meist kostbare Einblicke. Auch und gerade die Dinge, die nicht gesagt bzw. geschrieben werden, sind oftmals sehr wichtig.

Als sehr lohnenswert erweist es sich, Informationen zu erhalten über frühere Versuche und Unternehmungen des Klienten, sein Problem zu lösen. Speziell, woran diese seiner Meinung nach scheiterten. Dass diese erfolglos blieben, kann man getrost unterstellen, denn sonst würde er sich jetzt nicht an uns wenden.

Weitere Fragen können eventuell auftretende Nachteile bei Zielerreichung abklären, und damit bereits einen ersten kleinen Einstieg in einen Öko-Check bieten, sowie die Vorstellungen des Klienten ausloten, welchen zeitlichen Rahmen er sich bis zur Erreichung der angestrebten Veränderung vorgestellt hat.

Ein möglicher Fragenkatalog sollte stets individuell an den Klienten und die Thematik angepasst sein und sich auf wenige Punkte beschränken. Mehrseitige Fragebögen mit Dutzenden von gewünschten Auskünften werden zum einen dann oft gar nicht oder sehr oberflächlich ausgefüllt, zum anderen müssen diese ja auch noch ausgewertet werden. Sehr schnell sind dabei Kapazitätsgrenzen erreicht, und ein wirklicher zusätzlicher Nutzen ist höchst selten gegeben. Stattdessen steigt das Risiko, den Überblick zu verlieren und das eigentlich Wesentliche zu übersehen. Einmal mehr sei daher auf die berühmte 'magische' Zahl 7 ± 2 verwiesen, die von George Miller bereits 1956 in der 'Psychological Review' veröffentlicht worden war. Dies bietet mithin eine bewährte und sinnvolle Größenordnung für die Anzahl an Fragen, die folglich zwischen fünf und neun liegen sollte. Ein typisches Beispiel könnte folgendermaßen aussehen:

1. Wie lautet Ihr Ziel?
2. Wie motiviert sind Sie dazu, dieses Ziel auch zu erreichen? (Eventuell Skala vorgeben)
3. Wer oder was motiviert Sie, Ihr Ziel zu verwirklichen?
4. Was verhinderte bislang das Erreichen Ihres Ziels?
5. Was haben Sie bislang versucht, um Ihr Ziel zu realisieren?
6. Welche Nachteile könnten für Sie auftreten, sobald Sie Ihr Vorhaben umgesetzt haben?
7. Was denken Sie, wie lange wird es dauern, bis Ihr Ziel Realität geworden ist?

Damit schließt sich der Kreis bildet gleichzeitig die Brücke zur Eigenanwendung von hypnotischen Techniken, denn die Beschäftigung mit derartigen Fragen bietet die beste Voraussetzung, um sich selbst und das eigene Unbewusste umfassend auf die gewünschten Veränderungen und Neuanpassungen einzustimmen. Vieles davon kann dabei auch durch Selbst-Hypnose auf zufriedenstellende Weise erreicht werden, sobald man ein paar Besonderheiten beachtet. Übungshalber können Sie sich mithilfe von Stift und Papier einmal ausführlich die obigen sieben Fragen in Bezug auf ein eigenes Thema beantworten, z.B. bzgl. der Erreichung eines Gewichtsziel, bevor Sie zum nächsten Kapitel übergehen, das sich genau damit beschäftigen wird.

1.8. Do-it-yourself mit Hypnose

Was macht man nun, wenn kein Hypnotiseur in der Nähe ist, und man dennoch die Segnungen der direkten Kommunikation mit dem eigenen Unbewussten nutzen möchte? In diesem Fall stellt sich die Frage, inwieweit es möglich ist, sich selbst in Trance zu versetzen und auf diese Weise die gewünschten Programmierungen vorzunehmen. Prinzipiell spricht zunächst einmal nichts dagegen, und verschiedene Formen der Selbst-Hypnose haben, wenngleich oft unter anderem Namen, eine lange Tradition: Meditation, Autogenes Training nach Schultz oder Progressive Muskelentspannung nach Jacobsen sind im Grunde nichts anderes und stellen altbekannte und beliebte Variationen dar.

Die Vorteile von Selbst-Hypnose liegen auf der Hand, denn neben der erwähnten Unabhängigkeit von anderen Personen, bildet vor allem die zeitliche Flexibilität ein wichtiges Argument. Sie können sie immer dann durchführen, wenn Ihre individuelle Terminplanung die optimalen Voraussetzungen bietet.

Doch auch die Nachteile sind leicht erkennbar, denn zum einen fehlen oft das Wissen und die Erfahrung eines geschulten Hypnotiseurs, der genau erkennen kann, welche aktuellen Erfordernisse während des Trance-Verlaufs optimale Fortschritte garantieren können. Zum anderen ist es kaum möglich, komplexe Abläufe, wie sie Ziele-Prozess, Six-Step-Reframing und Schnelle-Phobie-Technik nun einmal darstellen, auf sinnvolle Weise auszuführen. Hierfür ist die Interaktion mit einem externen Begleiter unerlässlich. Schon allein deshalb, weil es für erfolgreiche

Interventionen essenziell ist, gerade auf die Punkte einzugehen und an den Stellen nachzuhaken, die man selbst vermeidet und verdrängt. Die eigenen blinden Flecken allein offen zu legen, ist eben einfach nicht möglich. Von diesen Einschränkungen abgesehen hat Selbst-Hypnose jedoch vielfach ihre Berechtigung und kann vor allem eine sehr wertvolle Ergänzung zu einer angeleiteten Trance darstellen.

Wie verläuft eine Selbst-Hypnose nun im Einzelnen? Im Großen und Ganzen analog dem in den vorherigen Abschnitten dargestellten Verlauf, nur dass Sie jetzt alles selbst durchführen müssen. Anstelle des Vorgesprächs machen Sie sich eigenständige Gedanken über die Absichten, die Sie erreichen möchten. Dies am besten schriftlich, denn Sie wissen ja: Die Sache mit der schwächsten Tinte. Denken Sie bitte auch an die Wohlgeformtheitskriterien. Was Sie bezwecken, steht völlig in Ihrem Ermessen und hängt von Ihren Bedürfnissen ab. Vielleicht wünschen Sie nur eine Entspannungs-Trance, z.B. um diese auch gleich zum besseren Einschlafen zu nutzen? Natürlich können Sie sich auch auf das Erreichen bestimmter Ergebnisse ausrichten, beispielsweise ein konkretes Gewichtsziel bis zu einem genau bestimmten Zeitpunkt zu erreichen, oder förderliche Affirmationen und Autosuggestionen an Ihr Unbewusstes vermitteln, etwa sich jeden Tag ein bisschen gesünder zu ernähren und mit sich selbst zufriedener zu sein.

Sobald Sie Ihre Ansinnen also formuliert haben, begeben Sie sich in eine entspannte Position und teilen Ihrem Unbewussten nochmals deutlich mit, was Sie nachfolgend erreichen wollen. Seien Sie dabei wertschätzend und wohlwollend mit sich, dann werden Sie selbst dafür am meisten belohnt. Sie können sich auch noch suggerieren, zu welchem Zeitpunkt die Trance beendet sein soll, denn das Unbewusste ist bzgl. solcher Vorgaben meist beeindruckend exakt. Sicherheitshalber dürfen Sie natürlich auch einen Wecker stellen, wenn dies für Sie beruhigender ist, schließlich sollen keine terminlichen Bedenken die Entspannung beeinträchtigen. Schon kann es losgehen mit dem Intro, das Sie am besten mit einem tiefen Einatmen und Ausatmen beginnen. Fast unvermeidlich werden Sie dabei bereits eine angenehme Entspannung spüren können. Nun lenken Sie Ihre Aufmerksamkeit wie oben beschrieben auf Außen- und Innenreize und verschieben dabei die Gewichtung mehr und mehr zu letzteren. Irgendwann beginnen Sie dann vielleicht auch rückwärts zu zählen, verbunden mit der Suggestion, mit jeder Zahl noch entspannter zu sein. Ich empfehle Ihnen, am besten einfach ein wenig zu experimentieren, was für Sie am geeignetsten ist und am besten funktioniert. Wenn Sie mit Autogenem Training oder Progressiver Muskelrelaxation Erfahrungen haben, können Sie auch diese Techniken wunderbar mit einbauen. Jeder Mensch ist anders, und Patentrezepte lassen sich daher nicht geben.

Sobald Sie nach eine Weile eine angenehme Trance-Tiefe erreicht haben, beginnen Sie damit, die vorbereiteten Suggestionen an sich zu richten. Mit einiger Übung und Erfahrung werden Sie an diesem Punkt womöglich gar nicht mehr viel davon mitbekommen oder später erinnern können, denn Ihr Unbewusstes lernt mehr und mehr, diese Prozesse völlig autonom ablaufen zu lassen. Ähnliches gilt auch für das Extro, das Sie bei Ihren ersten Gehversuchen wahrscheinlich noch deutlich steuern und wahrnehmen können, jedoch irgendwann nur noch feststellen, dass Sie aus der Trance wieder aufwachen. Halten Sie sich am besten auch hierbei an die Empfehlungen, die ich Ihnen gegeben habe. Achten Sie vor allem darauf, sich vollständig ins Hier und Jetzt reorientiert zu haben, besonders, wenn Sie anschließend vorhaben, am Straßenverkehr teilzunehmen oder Maschinen zu bedienen. Dies kann ich gar nicht deutlich genug betonen, denn manchmal überschätzt man nach einer Selbst-Hypnose die eigene Vigilanz doch recht deutlich. Machen Sie lieber noch ein bisschen Gymnastik am offenen Fenster.

Ein beliebtes Spielzeug, das in diesem Zusammenhang nicht unerwähnt bleiben soll, stellen die zahlreichen im Handel und im Internet erhältlichen Hypnose-CDs und Audio-Dateien dar. Eine allgemeine Empfehlung zu geben ist nicht ganz einfach. Im Grunde muss auch hier jeder für sich herausfinden, inwieweit diese eine hilfreiche Ergänzung bilden können. Meine eigenen Erfahrungen sind allerdings eher ernüchternd. Das zentrale Problem ist stets die unweigerlich fehlende Möglichkeit, auf individuelle Unterschiede bei den Nutzern eingehen zu können. So sind die Intros für den einen viel zu lang, so dass man aus der Hypnose schon wieder heraus kommt, bevor die eigentlichen Suggestionen überhaupt beginnen, für andere sind sie stattdessen zu kurz, und zu dem Zeitpunkt noch überhaupt keine wirkliche Trance erreicht. Auch die Suggestionen als solche sind für manche Zuhörer schlicht ungeeignet. Im günstigeren Falle einfach wirkungslos, manchmal kontraproduktiv und nicht selten sogar schädlich. Hinzu kommt, dass in diesem Bereich auch allerhand ausgemachte Scharlatane ihr Unwesen treiben, die vollmundig das Blaue vom Himmel versprechen. Da mittels solcher CDs jedoch nie die tiefer liegenden Ursachen aufgelöst werden können, sondern allenfalls auf den Hörer eingeredet wird, irgendwas zu tun oder zu lassen, ist der erzielbare Erfolg bestenfalls temporär. Ganz so einfach ist es beispielsweise mit Abnehmen oder Nichtrauchen dann halt leider meist doch nicht, denn das wäre zu schön, um wahr zu sein. Ich will mich an dieser Stelle auch gar nicht weiter über sich erschreckend gut verkaufende Machwerke auslassen, die allen Ernstes in Aussicht stellen, durch wiederholtes Anhören könnten Männer und Frauen bestimmte Körperteile vergrößern. An und für sich spricht so etwas ja schon hinreichend für sich. Ärgerlich finde ich dabei allerdings, dass bei ausbleibendem Erfolg dies dann häufig der Methode der Hypnose insgesamt angelastet wird anstatt dem speziellen fragwürdigen Produkt.

Durchaus sinnvoll hingegen sind meines Erachtens nach selbst hergestellte oder individuell für eine bestimmte Person und ein spezielles Thema angefertigte Hypnose-CDs, vor allem als Ergänzung und zur Verstärkung. In diesem Fall kann auch auf die jeweiligen Bedürfnisse und die Unterschiede in den Absichten eingegangen werden, denn es hat ja beispielsweise nicht jeder dasselbe Wunschgewicht und auch nicht den gleichen zeitlichen Rahmen, dieses zu erreichen. Manche Hypnotiseure bieten diesen Service als Zusatzleistung zu ihren Terminen an. Auch insgesamt geht mein Rat dahin, sich in puncto Selbst-Hypnose von einem kundigen Spezialisten persönlich in die Materie umfassend einführen und beraten zu lassen. Denn nur in der direkten Begegnung können alle aufkommenden Fragen und Unklarheiten wirklich angemessen gewürdigt werden. So Sie dadurch in einem geschützten und begleiteten Rahmen erste Erfahrungen mit Trance-Arbeit machen konnten, ist es anschließend sehr viel leichter, selbst kontinuierlich weiter zu üben.

2. Freie Sicht mit EMDR-Augenbewegungen

Die Arbeit mit Hypnose bewirkt bei vielen Personen und zahlreichen Fragestellungen erstaunliche und beeindruckende Ergebnisse. Gleichwohl entstand bei mir im Laufe meiner Erfahrungen mehr und mehr der Eindruck, dass damit in manchen Fällen der tatsächliche Kern des Problems eines Klienten nicht wirklich erreicht werden kann. Auch wenn dies meist für das aktuelle Anliegen gar nicht erforderlich ist, hatte ich dennoch stets den Anspruch, tiefgreifende generative Effekte freisetzen zu können. Damit meine ich, nicht nur ein spezifisches Thema aufzulösen, sondern darüber hinaus die Fähigkeiten zu vermitteln, zukünftig auf selbständige Weise auch in ganz anderen Bereichen das zu erreichen, was man gerne für sich realisieren möchte.

Obendrein konnte ich immer wieder eine ganz andere Folgeerscheinung beobachten: Klienten, die erfolgreich ein Thema gemeistert hatten, kamen nach geraumer Zeit mit einem neuen Problem, das sie wiederum selbst nicht in den Griff bekommen konnten. Vordergründig ging es zwar jetzt um etwas komplett anderes als zuvor, doch bei genauerem Hinsehen glichen sich die Struktur und das Musters überraschend auffällig. Schauen wir uns zum Einstieg ein typisches Beispiel an.

Manuela - Erfolg mit Einschränkungen

Manuela war eine elegante, wohlhabende Frau von Ende Dreißig, deren Sinn für das Exklusive ebenso auf den ersten Blick ins Auge stach wie ihr ungewöhnlich guter Geschmack. Sie kleidete sich betont elegant und unterstrich dies noch mit einigen teuren und dennoch dezenten Schmuckstücken. Ihr ganzes Auftreten entsprach dem einer Dame, und sie wirkte im Grunde auch in keinster Weise übergewichtig. Es lag in erster Linie an ihrem ausgeprägten Perfektionismus, der verhinderte, dass sie sich rundum so wohl fühlen konnte, wie sie war. Daher störte sie sich immens an den kleinen Röllchen am Bauch und dem, ihrer Meinung nach, zu üppigen Gesäß. Sie hatte sogar schon vor längerer Zeit einen plastischen Chirurgen konsultiert gehabt und eine Fettabsaugung an den Problemzonen vornehmen lassen. Zufrieden war sie mit dem Ergebnis nicht. Hinzu kam, dass sie mehrmals die Woche von kräftigem

Heißhunger attackiert wurde, der sie jedes Mal dazu veranlasste, größere Mengen Schokolade, Süßigkeiten oder Kartoffel-Chips in sich hinein zu stopfen. Dieses Verhalten machte sie auch hauptverantwortlich dafür, dass sie ihre Figurprobleme nicht in den Griff bekommen konnte.

Während des Vorgesprächs konnte ich mich des Eindrucks nicht erwehren, dass hinter den zum Besten gegebenen Klagen etwas anderes stecken könnte. Zumal Manuela, jedenfalls für meine Einschätzung, eine ausgesprochen attraktive Frau war, auch wenn sie selbst diese Ansicht nicht teilen wollte. Doch ich hatte von ihr kein Mandat, tiefer in das mögliche Geschehen zu blicken, sondern sollte ihr mit der Hilfe von Hypnose dazu verhelfen, die Essanfälle abzustellen, denn dann würde sich ihr Wunschgewicht quasi von selbst alsbald einstellen. Davon war sie jedenfalls überzeugt.

Einer der wichtigsten Grundsätze jedes Coachings und jeder Beratung ist für mich die Maxime: Keine Therapie ohne Auftrag! Zum einen wäre ein davon abweichendes Vorgehen in meinen Augen übergriffig und anmaßend, was ich ethisch und moralisch nicht gutheißen kann. Zum anderen ist es auch nicht zielführend. Einen Klienten in eine Richtung drängen zu wollen, in die er selbst nicht gehen möchte, oder für welche die Zeit einfach noch nicht reif ist, führt mindestens zu Widerstand, im schlimmsten Fall zu handfesten Auseinandersetzungen. Nichtsdestotrotz ist es jedoch legitim, auftauchende Bedenken und Vorbehalte zu artikulieren oder Empfehlungen abzugeben. Gar nicht so selten eröffnet man damit erst Möglichkeiten, die dem anderen zuvor gar nicht erkennbar gewesen waren.

Auch in Manuelas Fall schien mir dies eine sinnvolle Idee zu sein, zumal sie auf mich in keinster Weise wie eine 'Klägerin' wirkte. Ihr Bestreben, etwas an ihrer Situation zu ändern sowie ihre Bereitschaft, dafür auch ungewöhnliche Wege zu versuchen und über den einen oder anderen Schatten zu springen, schienen authentisch. Doch meinen Vorschlag, vor der Hypnose vielleicht zunächst zu schauen, ob hinter ihren Gewichtsfragen noch andere Motive stecken könnten, lehnte sie ab. Darauf sei sie jetzt nicht vorbereitet und müsse erst in Ruhe über so etwas nachdenken. Sie glaube auch nicht, dass dies zu einer Gewichtsreduktion beitragen könne.

Wie sich zeigte, erwies sie sich als ausgezeichnetes Trance-Subjekt. Die Ausrichtung auf ihr Ziel, das Finden der nötigen

Ressourcen sowie die Integration der Restrukturierung verliefen zu meiner und ihrer vollsten Zufriedenheit. Im Anschluss beschrieb Manuela die Hypnose als beeindruckendes Erlebnis und außergewöhnlich entspannende Erfahrung, die sie am liebsten noch länger genossen hätte. Doch die Stunde war um, und außerdem hatten wir uns ja auch ein bestimmtes Ziel für die Sitzung gesetzt gehabt, das nun vollzogen war. Sie verließ mich bester Dinge und voller Zuversicht, und ich betonten noch einmal, dass sie sich jederzeit wieder an mich wenden könne, wenn sie noch Fragen hätte oder zusätzlich etwas bräuchte.

Rund zwei Monate nach unserem Termin erhielt ich eine leicht erbost wirkende E-Mail von Manuela, in der sie sich darüber beschwerte, dass sich an ihrem Gewicht überhaupt nichts getan hätte. Dies empfand sie als umso erstaunlicher, als die Heißhungeranfälle, die sie für ihr scheinbares Übergewicht verantwortlich gemacht hatte, seit unserem Termin nicht ein einziges Mal mehr aufgetreten waren. Dennoch sähe sie noch genauso aus wie zuvor.

In gewisser Weise war ich nicht wirklich überrascht, aber dennoch unzufrieden mit mir und dem Ergebnis. Ich bot ihr selbstverständlich in meiner Antwort an, dass sie noch einmal kommen könne, und wir vielleicht diesmal ein wenig nachforschen sollten, woran es gelegen haben mag, dass das vordergründige Ziel zwar erreicht, die eigentliche Absicht allerdings verfehlt worden war. Leider hörte ich nie wieder etwas von Manuela.

Diese Geschichte demonstrierte mir in aller Eindringlichkeit, dass man das Unbewusste nicht überlisten kann. Zwar ist es möglich, mit Hypnose ein Nebenziel in zufriedenstellender Weise zu erreichen, doch wenn andere Motive oder Notwendigkeiten hinter dem Gesamtgeschehen stehen, so werden mit faszinierender Kreativität einfach andere Wege gefunden, letztlich doch wieder beim selben Ergebnis zu landen. Ich zog für mich die Konsequenz, zukünftig bei ähnlich gelagerten Fällen sehr viel ausführlicher auf solche Zusammenhänge und die wahrscheinlichen Auswirkungen hinzuweisen, als ich dies mit Manuela getan hatte. Darüber hinaus unterstrich es für mich die Notwendigkeit, ein Werkzeug an der Hand zu haben, das zielgenauer in der Lage ist, zugrundeliegende Ursachen aufzulösen als das mit den Techniken der Energy-Hypnose allein möglich war, sobald Verstrickungen aus der persönlichen Geschichte des Klienten, die womöglich schon weit in der Vergangenheit liegen und meist auch vollständig verdrängt sind, die Erreichung des eigentlich gesetzten Ziels konterkarieren. Denn immer dann werden wir es bei den vordergründigen Problemen, die ein Klient vorbringt, mit Erscheinungen zu tun haben, die ich als Epiphänomene bezeichnen möchte. Die griechische Vorsilbe 'epi' bedeutet 'auf' bzw. 'über', d.h. wir haben es hierbei mit etwas zu tun, was das eigentliche Geschehen verdeckt, welches sich in tieferen Schichten der Persönlichkeit abspielt. Da das Verständnis dieser Struktur die entscheidende Rolle bei der Gratwanderung zwischen Erfolg und Scheitern bei jeglicher Form von Coaching, Beratung oder Therapie spielt, ist eine ausgiebige Erläuterung unerlässlich.

2.1. Epiphänomene mit Vernebelungsgefahr

Mit überraschender Häufigkeit ist man im Coaching, aber auch im alltäglichen Kontakt mit Menschen konfrontiert, in deren Leben eine spezielle Problematik permanent präsent zu sein scheint und eine alles andere überschattende Rolle spielt. Insbesondere das Denken, aber auch das Handeln werden beständig von der Konfrontation mit diesem Thema bestimmt. Besonders beliebt ist in diesem Zusammenhang der unablässige Versuch abzunehmen, aber auch die Unfähigkeit, mit dem Rauchen aufzuhören. Sehr verbreitet überdies andauernder Ärger in der Partnerschaft oder das Nichteingehen können einer solchen trotz innigen Wunsches. Sogar hartnäckige sexuelle Schwierigkeiten können diese Rolle spielen, ebenso wie scheinbar unüberwindliche finanzielle Engpässe. Genauso aber auch fortwährende Unzufriedenheit mit der beruflichen Situation. Der Phantasie sind, was das betrifft, keine Grenzen gesetzt. Prinzipiell kann es jeden Bereich und jede Fragestellung betreffen.

Gemeinsam ist diesen Gegebenheiten jedoch, dass sich die Situation für den Betroffenen nach und nach zu einer überwertigen Idee ausgewachsen hat, die mehr und mehr das gesamte Leben bestimmt und mit oft massivem Leidensdruck einhergeht. Häufig ist es nicht nur das erste, was einer Person nach dem Aufwachen in den Kopf kommt, und das letzte, an das sie vor dem Einschlafen denkt, sondern meist verfolgt es sie sogar noch nachts in den Träumen, wenn die Beschäftigung mit dem Problem sie nicht ohnehin um den Schlaf bringt.

Auffallend ist weiterhin, dass die Herausforderungen von außen betrachtet oftmals als leicht lösbar erscheinen. Insofern mangelt es in der Regel auch nicht an guten oder zumindest gut gemeinten Ratschlägen aus der Umgebung. Im Partnerschaftsfall gehen die Empfehlungen meist in die Richtung, sich doch von 'dem Idioten' bzw. 'der Idiotin' zu trennen. Berufliche Unzufriedenheit führt häufig zum Vorschlag, doch einen Jobwechsel in Erwägung zu ziehen. Bei Gewichtsproblemen reichen die Anregungen von diversen erfolgversprechenden Diäten über sportliche Betätigung bis hin zu Volkshochschulkursen für verbessertes Selbstwertgefühl.

Dabei handelt es sich durchweg um sogenannte Lösungen erster Ordnung, also um Ansätze, die sich auf derselben logischen Ebene bewegen wie das Problem selbst, was schon laut Albert Einstein jedoch nie von Erfolg gekrönt sein wird. Viel wichtiger ist allerdings die Beobachtung, dass all diese Vorschläge für den Betroffenen als nicht gangbare Wege betrachtet werden. Nicht selten sogar, ohne dass sie wirklich genau formulieren könnten, was denn eigentlich dagegen spricht. Mehr noch, sobald an diesem Punkt ein wenig intensiver nachgehakt wird, reagiert der Befragte sehr häufig mit ausgeprägtem Widerwillen, manchmal sogar mit merklicher Aggressivität. Dies ist ein untrügliches Zeichen, dass wohl mehr, bzw. ganz etwas anderes dahinter steckt. Ich habe diese Erfahrung nicht nur im Freundeskreis sondern ebenso im Umgang mit Klienten immer wieder gemacht.

Fast scheint es zumeist, als ob eine wirkliche Lösung entgegen aller Beteuerungen überhaupt nicht angestrebt würde. Oder schlimmer noch: Ist der Leidensdruck irgendwann doch so groß, dass professionelle Hilfe und Beratung in Anspruch genommen wird, und die angebotenen Wege mit fast übermenschlicher Willensanstrengung tatsächlich umgesetzt werden, so erweist es sich nahezu durchweg als nur temporäre Verbesserung. In aller Regel ist es nur ein Frage sehr kurzer Zeit, bis das alte Problem in mehr oder weniger neuem Gewand wieder auftaucht. Wer kennt nicht die Beispiele von Personen, die nach langem Hin und Her endlich einen neuen Job annehmen, und nach einem halben Jahr wieder genauso überarbeitet und unglücklich sind wie im vorherigen? Wer hat nicht schon erleben müssen, dass sich jemand auf schmerzliche Weise aus einer unglücklichen Beziehung gelöst hat, nur um dem entsetzten Freundeskreis zwei Monate später die neue große Liebe zu präsentieren, die dem früheren Partner charakterlich bis ins kleinste Detail gleicht? Oder man denke an den fast schon sprichwörtlichen Kettenraucher, der nach erfolgreicher Entwöhnung alsbald zum Fresssüchtigen mutiert.

Zunehmend erkannte ich im Laufe der Zeit, dass der eigentliche Sinn dieser Epiphänomene genau darin liegt, dass einerseits beständige Beschäftigung damit stattfindet, andererseits eine Lösung jedoch nicht gefunden werden kann und im Grunde in immer weitere Ferne rückt; fast so wie es in Franz Kafkas berühmtem Werk 'Das Schloss' für die Hauptperson K. immer unerreichbarer wird, dieses irgendwann betreten zu können.

Aus dem NLP wusste ich ja, dass hinter jeder Handlung eine positive Absicht für den Betreffenden steckt. Insofern stellte ich mir natürlich irgendwann auch die Frage, was denn dieser Zweck sein könnte, der mit jenen Epiphänomen verfolgte wird, wo sie doch offenbar so viel Leid und Anstrengungen hervorrufen und sich so hartnäckig einer Überwindung widersetzen, sogar oder gerade dann, wenn diese von außen betrachtet auf der Hand zu liegen scheint.

Letztlich dämmerte mir, dass genau das die Intention sein dürfte. Der Betroffene wird dadurch quasi in seinem gesamten Denken und Fühlen festgehalten, um nicht dem Risiko ausgesetzt zu sein, mit etwas konfrontiert zu werden, was noch viel unerträglicher wäre. Auch an dieser Stelle schützt das Unbewusste die Person wieder. Allerdings in einer Weise, die alles andere als sonderlich zweckmäßig oder sinnvoll ist. Dennoch ist es, wie wir ebenfalls vom NLP lernen können, die bestmögliche Alternative, die aktuell zur Verfügung steht. Was allerdings natürlich ganz und gar nicht bedeutet, dass dies die einzige prinzipiell mögliche wäre. Im Gegenteil gibt es fast immer weit bessere Optionen. Von denen steht allerdings momentan keine zur Auswahl. Genau dies ist aber auch die große Chance auf Veränderung, aber man muss sich darüber im Klaren sein und darf sich nicht von dem vordergründigen Scheinproblem in die Irre und aufs Glatteis führen lassen. Denn darunter verbirgt sich praktisch immer eine sehr viel existenziellere Fragestellung, bzw. steckt ein Geschehen, das mit für das Individuum immens bedrohlichen Gefühlen verbunden ist, seien es Angst, Schmerz, Schuld, Wut oder etwas ähnliches. Im Allgemeinen verursacht durch irgendein schlimmes, traumatisches Erleben in der meist fernen Vergangenheit.

2.2. Traumata mit Folgen

Der Begriff Trauma ist heutzutage in aller Munde und wird fast schon ein bisschen inflationär verwendet. Dennoch ist es bei genauerer Nachfrage vielen nicht so recht möglich zu definieren, was damit eigentlich exakt gemeint ist. Da wir auch im Rest dieses Kapitels immer wieder mit diesem Themenbereich zu tun haben werden, ist es folglich wichtig, dass wir uns im Klaren sind, womit wir uns befassen.

Das von der Weltgesundheitsorganisation WHO herausgegebene Klassifizierungshandbuch ICD-10 versteht darunter in Kapitel F43.1: "[...] ein belastendes Ereignis oder eine Situation außergewöhnlicher Bedrohung oder katastrophenartigen Ausmaßes (kurz oder langanhaltend), die bei fast jedem eine tiefe Verzweiflung hervorrufen würde. Hierzu gehören eine durch Naturereignisse oder von Menschen verursachte Katastrophe, eine Kampfhandlung, ein schwerer Unfall oder Zeuge des gewaltsamen Todes anderer oder selbst Opfer von Folterung, Terrorismus, Vergewaltigung oder anderer Verbrechen zu sein."

Dabei sind die Reaktionen und Konsequenzen der beschriebenen Ereignisse individuell höchst unterschiedlich. Im Idealfall kann der Betroffene nach einiger Zeit selbst oder mit Unterstützung anderer die Gefühle von Verzweiflung, Trauer und Ohnmacht überwinden und ein normales, unbelastetes Leben weiterführen. Vielleicht sogar die eine oder andere Lehre aus dem Geschehen ziehen, bzw. daran wachsen und reifen. Mit kleineren belastenden Erlebnissen hat schließlich jeder von uns Tag für Tag zu tun, und unser Organismus ist prinzipiell darauf ausgelegt, damit auch ohne großes Aufhebens fertig zu werden. Eine wichtige Rolle spielen dabei die nächtlichen REM-Phasen. Die Abkürzung steht für 'Rapid Eye Movement' (auf Deutsch: Schnelle Augenbewegungen) und beschreibt jene Perioden des Schlafes, während derer das Gehirn sehr aktiv ist, verstärkte Traumtätigkeit stattfindet, und sich die Augäpfel intensiv hinter den geschlossenen Lidern hin und her bewegen, was auch der Grund für die Bezeichnung ist. Inzwischen weiß man, dass dabei die emotionale und kognitive Einordnung, Verarbeitung und letztlich Ablage der Ereignisse des vergangenen Tages passiert. Bei einer echten traumatischen Erfahrung ist dieser Mechanismus aufgrund der Intensität der beteiligten Gefühle jedoch gestört und eine Bewältigung im Schlaf nicht möglich.

Ein bisschen kann man es sich so vorstellen, als habe ein Blitz ins Gehirn eingeschlagen, der die linke und die rechte Gehirnhälfte voneinander trennt (siehe Abbildung 2), was zu einem hohen Grad durch die extrem starke Ausschüttung des Stresshormons Cortisol verursacht wird. Die Verbindung und Kommunikation zwischen der linken Hemisphäre, die vor allem für logisches Denken, zeitliche Einordnung und sprachliche Fähigkeiten zuständig ist, mit der rechten, in der sich wesentlich die intuitiven Vorgänge, emotionales Erleben sowie die bildliche Verarbeitung abspielen, ist temporär unterbrochen. Die beiden können nicht mehr interagieren. Insbesondere verfügt die rechte Gehirnhälfte über keine chronologischen Einschätzungen. Generell können wir ja zeitliche Abläufe nicht direkt wahrnehmen, sondern müssen den jeweiligen Bezug indirekt über größtenteils in der linken, rationalen Hemisphäre stattfindende Repräsentationsprozesse konstruieren. Interessanterweise sprechen wir ja auch von 'langen Zeiträumen', oder Erinnerungen, die 'weit' in der Vergangenheit liegen; Länge und Weite sind indes genuin räumliche Maßstäbe!

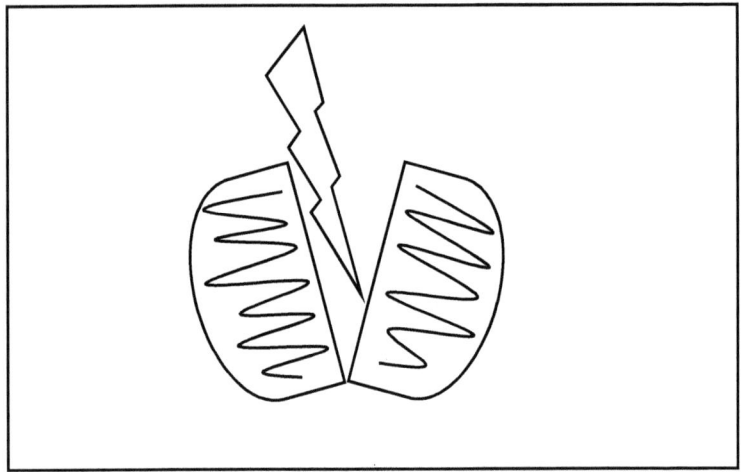

Abbildung 2: Trauma - der Blitzschlag ins Gehirn

Kann nun infolge des extremen Schocks, den ein Trauma auslöst, diese zeitliche Einordnung durch die linke Gehirnhälfte nicht stattfinden, so bleibt es der rechten Seite mit alle den schrecklichen Bildern und Gefühlen permanente präsent, als ob es gerade eben stattfinden würde, selbst wenn es tatsächlich unter Umständen schon Jahrzehnte zurückliegt. Ebenso findet der Betroffene buchstäblich keine Worte, um das Geschehene zu beschreiben, denn auch der Zugang zum Sprachzentrum in der linken Gehirnhälfte ist oft blockiert. Insgesamt ist die Erinnerung typischerweise nur bruchstückhaft und fragmentiert, da die eigentlich übliche Verarbeitung einer Erfahrung, bei der diverse Hirnareale beteiligt sind, nicht stattfinden konnte, so dass viele Aspekte des Erlebnisses nicht oder nur verschwommen und vage zugänglich sind.

Die Folgen sind zum einen immer wiederkehrende Alpträume sowie Flashbacks, also plötzliche Erinnerungen samt den damit verbundenen intensiven Gefühle, oftmals ausgelöst durch Reize jedweder Art, die in irgendeiner Form an die Ausgangserfahrung erinnern und mit dieser verbunden sind. Dabei kann es sich um Töne, Orte, bestimmte Musikstücke, Gerüche, Situationen, Gesichtsausdrücke, Körperhaltungen, Kleidungsstücke, Stimmlagen, etc. handeln. Es können sogar rein kognitive Flashbacks sein, wenn allein schon ein spezieller Gedanke ausreicht, die traumatischen Erlebnisse zu reaktivieren, und somit nicht einmal mehr ein externer Stimulus vorhanden sein muss. Sie erkennen schon, dass theoretisch praktisch alles in Frage kommen kann, was irgendwie für den Betroffenen mit seinem Trauma assoziiert ist. Dies macht das Erkennen solcher Zusammenhänge schwierig. Doch mit etwas Erfahrung ist es möglich, die entsprechenden Signale korrekt zu deuten. Meist ist es schon ein markantes Indiz, wenn die Reaktionen einer Person völlig unangemessen oder überzogen sind.

Besonders fatal ist das, wenn zwar die Emotionen durch diese Trigger, wie man solche Auslöser auch nennt, aktiviert werden, die eigentliche Erinnerung aber weitgehend unbewusst bleibt. Sicherlich haben Sie es schon erlebt, dass Menschen auf scheinbar harmlose Bemerkungen oder in eigentlich bedeutungslosen Situationen mit extremen Gefühlswallungen reagieren, seien es cholerische Wutausbrüche, plötzliche Weinkrämpfe oder auch unerklärliche Panikattacken. Fast immer stecken die beschriebenen Zusammenhänge dahinter, vor allem, wenn sich die Betroffenen ihr aktuelles Verhalten selbst gar nicht erklären können. Doch dies sind nur die augenfälligsten Varianten. Sehr oft sind die Auswirkungen und Effekte traumatischer Vergangenheitserfahrungen weit subtiler und komplexer und können sich sogar in körperlichen Symptomen niederschlagen. Depressionen, sozialer Rückzug, Abstumpfung, Reizbarkeit, Schreckhaftigkeit und diffuse Ängste sind häufige Begleiterscheinungen einer Posttraumatischen Belastungsstörung (PTBS). Im Grunde sind den denkbaren Konsequenzen nur durch die Kreativität des menschlichen Unbewussten bei den hilflosen und verzweifelten Bewältigungsversuchen Grenzen gesetzt. Schon der ganz normale Alltagsstress, dem viele von uns in Beruf und Privatleben ausgesetzt sind, führt ja nicht selten zu allerlei Folgeerscheinungen wie Kopfschmerzen, Verspannungen, Verdauungsproblemen, Schlafstörungen, Erschöpfungszuständen, Infektanfälligkeit, Gereiztheit, Schilddrüsenerkrankungen, Asthma,

Bluthochdruck, und Tinnitus, um nur die gängigsten zu nennen. Von daher kann man leicht abschätzen, wie viel folgenschwerer die Effekte von noch weit drastischerem psychischen Stress sein dürften.

Auch die von vielen gemachte Erfahrung, sich im Leben ständig in dieselbe Art von Mustern zu verstricken, insbesondere bei Beziehungen oder in beruflichen Situationen, kann oftmals durch lange zurückliegende, gravierende Ereignisse ausgelöst worden sein. Erschwerend ist dabei, dass die Erinnerung daran zumeist nicht mehr bewusst zugänglich ist, aber auch der Umstand, dass die kausalen Zusammenhänge nur selten eineindeutig sind. Dies bedeutet, dass meistens mehrere frühere Geschehnisse aus verschiedenen Lebensaltern gemeinsam in unterschiedlicher Gewichtung für die aktuellen Schwierigkeiten als Auslöser mitverantwortlich zeichnen. Umgekehrt hat eine einzelne schwerwiegende Begebenheit in aller Regel unterschiedlichste Folgewirkungen, die oft zunächst keine Gemeinsamkeiten aufweisen, und sich manchmal gegenseitig verstärken oder überhaupt erst ermöglichen (siehe Abbildung 3).

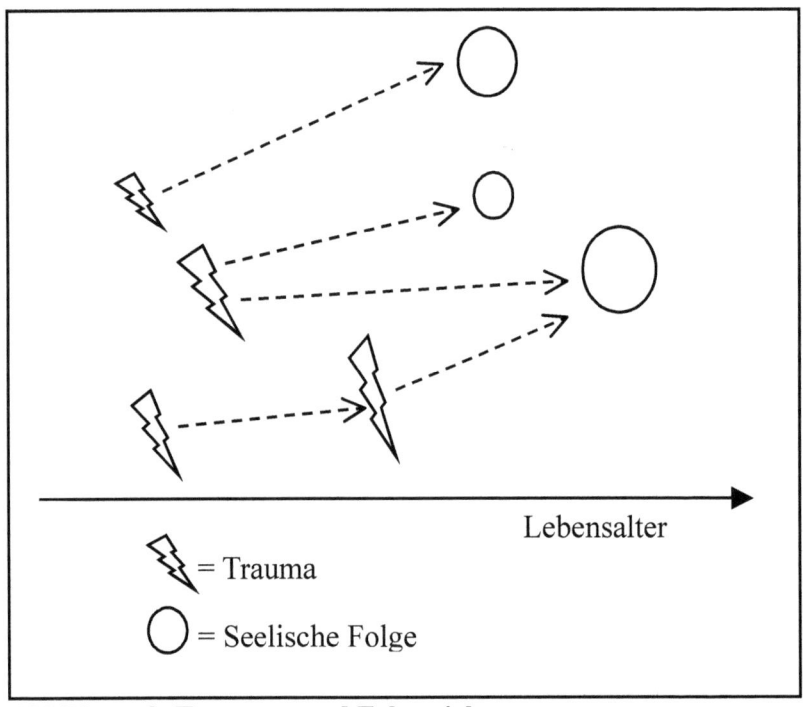

Abbildung 3: Traumata und Folgewirkungen

Ob ein gegebenes Erleben nun für den Betroffenen tatsächlich zu einer traumatischen Erfahrung wird, variiert, wie bereits angedeutet, von Individuum zu Individuum. Während der eine mit einer einschneidenden Situation ganz gut zurecht zu kommen vermag, zerbricht ein anderer an derselben womöglich vollständig. Was genau diese Unterschiede determiniert, ist nicht restlos geklärt. Genetische Dispositionen spielen vermutlich ebenso eine Rolle wie vorhandene Vorbelastungen. Sehr wichtig sind zweifellos die Fähigkeiten und Ressourcen, insbesondere auch die Bewältigungsstrategien, die ein Mensch im Laufe seines Lebens erwerben konnte. Dies deutet bereits an, dass die vorhandene Lebenserfahrung und damit indirekt auch das Alter von ganz entscheidender Bedeutung sein dürften, desgleichen das soziale Umfeld und die von dort gebotene Unterstützung.

Ich illustriere diese Zusammenhänge gerne anhand einer Metapher von zwei genetisch unterschiedliche Samenkörnern. Das eine besitzt die Anlagen zu einem kräftigen, stabilen Baum. Aus dem anderen hingegen wächst ein empfindliches, anfälliges Stämmchen. Dieser wird schon bei einem eher leichten Windstoß knicken, welcher jenem allenfalls ein paar Blätter abzureißen vermag. Doch es gibt noch andere Einflüsse. Stellen Sie sich zwei genetisch völlig identische Samen vor. Jedoch landet der eine davon in einem kräftigen Boden mit voller Sonne und guter Bewässerung. Der andere hat weniger Glück in Bezug auf die Umwelteinflüsse: Er wächst im Schatten, auf kargem und trockenen Untergrund. Auch jetzt werden die daraus resultierenden Bäume ganz unterschiedlich mit den Stürmen des Lebens fertig werden. Nun können Sie sich ausmalen, was wohl passiert, wenn unglückliche genetische Ausstattung und widrige Umwelteinflüsse zusammenkommen.

Unschwer leuchtet natürlich ebenso ein, dass es oft so sein wird, dass eine Erfahrung, die für ein dreijähriges Kind womöglich geradezu Todesangst auslöst, beispielsweise, wenn die Mutter einfach zur Wohnungstür hinausgeht, für einen Dreißigjährigen höchstwahrscheinlich vollkommen belanglos sein dürfte. Denken Sie auch hier wieder an die Allegorie mit den Bäumen. Ein zarter junger Keimling kann natürlich weit weniger verkraften als eine starke ausgewachsene Eiche.

Viel hängt schließlich auch noch von der persönlichen Bewertung ab. Wie schon der griechische Philosoph Epiktet vor fast zweitausend Jahren erkannt hatte, sind es nicht die Ereignisse als solche, die uns beunruhigen, sondern die Bedeutungen, die wir diesen zuschreiben. Genau darin besteht allerdings auch die große Chance, nämlich die

Einschätzung von lange zurückliegenden Erlebnissen neu zu bewerten. Auf der Basis der Erfahrungen und Erkenntnisse, die seither gewonnen werden konnten. Wie genau sich dies vollziehen lässt, werden wir etwas später erfahren, denn zunächst ist es erforderlich, überhaupt an die Ursprungserfahrungen heran zu kommen, welche den augenblicklichen Verwerfungen im Leben eines Menschen zugrunde liegen.

2.3. Testen mit Muskelkraft

Sehr oft verfügt der Betroffene über keine oder nur noch sehr fragmentierte bewusste Erinnerungsreste an die zugrundeliegende Erfahrung. Sie wurde größtenteils verdrängt, denn sie war für das Individuum zu überwältigend. Ganz abgesehen davon, dass vor allem so ohne Weiteres auch gar kein kausaler Bezug zum aktuellen Problemgeschehen hergestellt werden kann. Welche Möglichkeiten haben wir also, um genau diese Zusammenhänge wieder aufdecken zu können? Prinzipiell ist vieles denkbar und einiges wird seit langem angewandt. Die Psychoanalyse arbeitet mit freien Assoziationen und der Deutung von Träumen, die Transaktionsanalyse untersucht bestimmte Kommunikationsstrukturen, in der Gestalttherapie wird mit visualisierten Bezugspersonen interagiert, im NLP entlang der persönlichen Time-Line nach prägenden Erlebnissen gesucht und bei der systemischen Familienaufstellung schließlich die gesamte Herkunftsfamilie von Stellvertretern dargestellt und wichtige Ereignisse nachgespielt. Auch unter Hypnose ist es relativ einfach möglich, durch Regression Zugang zu weit zurückliegenden und verdrängten Erfahrungen zu bekommen.

All die genannten Ansätze haben ihre Berechtigung und funktionieren bei korrekter Anwendung durchaus zufriedenstellend. Der große Nachteil besteht primär darin, dass sie allesamt sehr viel mehr Informationen aus der Erinnerung heraufbeschwören und unzählige nebensächliche Aspekte zutage fördern als tatsächlich notwendig oder sinnvoll wäre, so dass sie zum einen sehr viel Zeit beanspruchen und zum anderen leicht das eigentlich Wichtige nur am Rande erkannt oder sogar ganz übersehen wird. Meine eigenen Erfahrungen mit den genannten Methoden ließen mich daher allzu oft ein wenig ratlos zurück und weckten in mir vor allem den Wunsch, ein Verfahren an der Hand zu haben, das in der Lage ist, deutlich zügiger und wesentlich zielgenauer zum entscheidenden Punkt zu gelangen.

Im Verlauf eines Gesprächs mit einer befreundeten Therapeutin kamen wir irgendwann auf dieses Thema zu sprechen, und sie erzählte ausführlich von ihren exzellenten Erfahrungen mit kinesiologischen Testmethoden. Ich hatte von diesen natürlich auch schon öfters gehört, aber meinem eher wissenschaftlich geprägtem Hintergrund war es wohl geschuldet, dass mir diese Herangehensweise stets etwas zu esoterisch erschien, und ich mich daher nie intensiver damit auseinandergesetzt hatte. Doch diese Dame kannte ich als erstklassige Referenz und hatte sie auch immer als sehr sachlich erlebt. Insofern dachte ich mir nach der Unterredung, ich sollte vielleicht einfach das tun, was ich meinen Klienten selbst stets gerne rate, nämlich am besten eigene Erfahrungen zu machen und Ungewohntes auszuprobieren, um den eigenen Horizont zu erweitern.

Die Methoden und Verfahren der Kinesiologie gründen, vereinfacht ausgedrückt, auf der Erkenntnis, dass sich der emotionale Zustand einer Person auf den Tonus, also die Spannung und Kraft ihrer Muskeln auswirkt. Sicherlich ist es Ihnen auch schon selbst aufgefallen, dass sich Ihre körperlichen Kräfte unterscheiden, ja nach ihrer Gemütsverfassung oder in Abhängigkeit von äußeren Einflüssen. Diese Eigenschaft wird, neben anderen physiologischen Veränderungen, auch beim Einsatz von Lügendetektoren getestet, da das Aussprechen einer Unwahrheit für die meisten Menschen seelischen Stress bedeutet, der sich u.a. in der Muskulatur niederschlägt. Das Faszinierende und für unsere Zwecke Bedeutsame ist, dass sich diese Mechanismen der bewussten Kontrolle entziehen, da ja nicht nur Lügen, sondern sehr viel stärker noch die Erinnerung an belastende Erlebnisse ein erhebliches Maß an seelischem Stress verursachen dürften, der sich somit auch in der unwillkürlichen Muskelspannung widerspiegeln sollte.

In der Praxis finden unterschiedliche kinesiologische Verfahren Anwendung, die unter dem Oberbegriff Myostatik-Tests zusammengefasst werden. Diese Bezeichnung entstammt dem Griechischen und setzt sich zusammen aus 'Myo' für 'Muskel' und 'Statikos', was soviel heißt wie 'etwas zum Stillstand bringen'. Beispielsweise lässt sich ein ausgestreckter Arm unter Stress von einer anderen Person sehr viel leichter nach unten drücken. Zur Beantwortung einfacher Ja-/Nein-Fragen hat es sich bewährt, im Stehen spontanes Schwanken nach vorne und nach hinten als Beurteilungsmaßstab einzusetzen. Für mich ist jedoch nach wie vor der sogenannte O-Ring-Test, der auch unter dem Namen Omura-Ring-Test (benannt nach dem Arzt Yoshiaki Omura) bekannt ist, der zweckmäßigste und in der Ausführung einfachste Ansatz. Dabei formt der Klient aus Daumen und Zeigefinger einer Hand einen Kreis, also ein 'O'; daher der Name. Er drückt dabei die Spitzen dieser beiden Finger so fest wie möglich gegeneinander. Der Coach versucht nun, diese auseinander zu ziehen und den so gebildeten Ring zu öffnen. Zumeist wird das nicht oder nur mit erheblichem Kraftaufwand gelingen. Steht der Klient jedoch unter auch nur leichtem emotionalen Stress, so ist dies wegen seiner dadurch verminderten Muskelspannung meist sehr viel leichter zu bewerkstelligen. Dieser Unterschied variiert naturgemäß von Mensch zu Mensch sehr deutlich. Bei manchen ist er enorm, bei anderen fast nicht wahrnehmbar. Dass gar keine Differenz zu erkennen ist, habe ich bislang noch nicht erlebt, aber manchmal ist sie schon sehr fein. Daher ist es in jedem Fall erforderlich, zunächst zu kalibrieren, wie das im Fachjargon heißt, beispielsweise indem der Klient sagen soll: "Ich heiße …!" und dabei einmal seinen wirklichen und einmal einen falschen Namen, vielleicht noch einen des anderen Geschlechts, verwenden soll. Als Coach ist der Unterschied in der Kraft, mit der Daumen und Zeigefinger zusammengepresst werden können, somit in aller Regel hinreichend feststellbar.

Wie kann diese Erkenntnis verwenden werden, um an ursächliche und belastende Erlebnisse in der Vergangenheit zu gelangen? Dies funktioniert ebenso beeindruckend einfach wie schnell. Die erste Frage lautet: "Hat das aktuelle Problem mit Geschehnissen in Ihrer Vergangenheit zu tun?" - sollte dies gegeben sein, und das ist ja zumindest die These, so wird diese Frage ein gewisses Nervositätspotenzial hervorrufen, und der Ring aus Daumen und Zeigefinger dürfte sich relativ leicht öffnen lassen. Falls nicht, so gibt es dem Anschein nach keinen sogenannten 'Biographiestress' als Ursprung für die gegenwärtige Thematik. D.h. wir brauchen, zumindest vorerst, nicht weiter in der Vergangenheit zu forschen. Dies ist meiner Erfahrung nach jedoch praktisch nie der Fall. Fast immer wird diese Frage deutlich durch die Muskelreaktion physiologisch bejaht. Als nächstes folgt also die genauere zeitliche Eingrenzung des prägenden Ereignisses. Dies kann zunächst in größeren Schritten geschehen, etwa durch Fragen der Art: "Waren Sie dabei jünger als 20 Jahre?". So dies der Fall gewesen sein sollte, wird die Muskelkraft wieder relativ schwach sein. War der Klient in diesem Beispiel jedoch älter als 20 Jahre, so sollte er die Finger fest zusammenhalten können. Nun lässt sich nach und nach auf diese Weise das gesuchte Alter sehr präzise auffinden. Für gewöhnlich reichen dabei Jahre als

Größenordnung aus, denn sobald man in die zeitliche Nähe der Ursprungserfahrung kommt, tauchen fast unvermeidlich Bilder und Erinnerung an diese beim Klienten auf.

Dies ist der entscheidende und wichtigste, aber auch der gefährlichste Punkt in dem gesamten Prozess, denn nun ist das Trauma in voller Wucht und mit all den schrecklichen Gefühlen wieder präsent. Wenn an dieser Stelle keine geeigneten Instrumente zur Verfügung stehen, um den Klienten bei der Bewältigung zu unterstützen, so kann diese Re-Traumatisierung dramatische Konsequenzen hervorrufen und alles noch viel schlimmer machen. Dies muss einem erfahrenen Therapeuten vorbehalten bleiben. Bedauerlicherweise bieten auch und gerade einige der weiter oben genannten psychologischen Schulen keine wirklich adäquaten Werkzeuge bei der Reaktivierung von Traumata, sondern lassen den Klienten damit allein im Regen stehen. Ausgerechnet den traditionellen Freudianischen Ansätzen muss man vorhalten, dass sie darauf bauen, die bloße Erinnerung und das intellektuelle Erkennen von Zusammenhängen reiche aus, irgendeine Veränderung der gegenwärtigen Situation oder von zukünftigen Verhaltensweisen zu bewirken. Eine Hoffnung, die sich eher selten erfüllt. Veränderung ist meiner Ansicht nach ohne emotionale Be- und Verarbeitung nicht möglich, schon aufgrund des Aufbaus unseres Zentralnervensystems, über den die Forschung in den letzten Jahren immer wieder erstaunliche Erkenntnisse zutage gefördert hat. So weiß man inzwischen, dass vom Mandelkern (Amygdala), einer tief im Inneren des Gehirns gelegenen Struktur, die maßgeblich für unsere Emotionen verantwortlich ist, zahlreiche Nervenbahnen direkt zur Großhirnrinde (Neokortex) führen, in der unsere sogenannten höheren kognitiven Funktionen ablaufen. Dies hat zur Folge, dass unsere Gefühlen ganz entscheidend bestimmen, was wir denken. Dummerweise laufen allerdings umgekehrt fast keine Verbindungen vom Neokortex zurück zum Mandelkern. Daher erweist es sich durchwegs als größtenteils vergebliche Liebesmüh zu versuchen, durch intellektuelle Aktivität oder per Willensanstrengung unsere Emotionen zu beeinflussen. Vielleicht habe Sie es auch schon erlebt, dass jemand Ihnen bei entsprechender Gelegenheit mit guten Argumenten erklärt hatte, Sie bräuchten keine Angst zu haben oder nicht traurig zu sein oder sollten sich beruhigen. Für gewöhnlich dürfte das recht wenig bewirkt haben.

Dass im therapeutischen Bereich so häufig viel Aufwand betrieben wird, um über erkenntnisbasierte Verfahren und das Bewirken von 'Einsicht' Ergebnisse zu erzielen, ohne dass entsprechende Erfolge erreicht würden, ist umso bedauerlicher, als inzwischen Techniken verfügbar sind, die zum einen funktionieren und zum anderen auch noch beeindruckend rasch grundlegende Veränderungen und Bewältigungen ermöglichen, da sie genau die beschriebenen Eigenschaften der humanen Neurologie berücksichtigen.

Petra - Grießbrei mit Grauen (Teil 1)

Petra, eine sympathische Frau in ihren frühen Vierzigern, litt stark unter ihrem Übergewicht. Etwa 1,70 Meter groß brachte sie beachtliche 97 Kilo auf die Waage. Im Grunde stand ihr das nicht einmal schlecht, denn sie wirkte auf mich wie eine gemütliche, nette Mama. Dazu trug sicherlich auch ihr sonniges, fröhliches und offenes Gemüt erheblich bei. Schon auf den ersten Blick musste man sie einfach gernhaben. Jedoch war auch gleich zu erkennen, dass sich etwas wie Mehltau auf ihre Seele gelegt hatte, was diese mehr und mehr unter sich zu begraben begann. Sie wurde auch, so erzählte sie unumwunden, zusehends reizbarer und ertappte sich dabei, manchmal schon aus scheinbar nichtigen Anlässen entweder aggressiv zu werden, oder sich weinend in ihr Bett zu verkriechen, wofür sie in erster Linie ihre Leibesfülle verantwortlich machte. Mittlerweile wollte sie sich nicht einmal mehr angezogen vor dem Spiegel betrachten, nackt schon gleich gar nicht.

Es war ihr vor einigen Jahren, als sie ähnlich viel gewogen hatte wie inzwischen wieder, bereits einmal gelungen gewesen, innerhalb weniger Monate rund 25 Kilogramm abzunehmen. Schon allein dies zeigte mir, dass sie prinzipiell genau wusste, was zu tun ist, um das angestrebte Gewicht zu erlangen. Meiner Erfahrung nach ist dieser Punkt im Grunde auch nie das eigentliche Problem. Immer wieder höre ich erstaunliche Berichte, in welch beeindruckendem Maße jemand Gewicht in kurzer Zeit verloren hatte. Offensichtlich ist es jedoch erheblich schwieriger, dieses dann auch zu behalten.

So erging es auch Petra. Sogar noch schneller, als sie die 25 Kilogramm abgenommen hatte, legte sie diese auch wieder zu und noch 16 Pfund oben drauf. Nicht ohne eine ordentliche Portion Galgenhumor meinte sie dazu: "Das war nicht nur eine Gewichtszunahme, das war geradezu ein Gewichts-Tsunami!", und das, obwohl sie weiterhin regelmäßig Sport trieb, und es nach eigenem Bekunden auch mit dem Essen eigentlich nicht übertrieben hatte. Seit einigen Jahren klebte nun das Fett wie Pech an ihr, und alle Versuche, von den fast 100 Kilo runter zu kommen, scheiterten kläglich.

"Petra, achten Sie einmal darauf, was Sie in ihrem Körper spüren, wenn Sie an Ihr Übergewicht denken!", bat ich sie. Es zeigte sich, dass sie einen leichten Druck im Bereich des Zwerchfells ausmachen konnte, der ihr bislang noch nicht aufgefallen war, schon allein deshalb, weil er auch nicht sehr ausgeprägt war.

Somit war es an der Zeit, den O-Ring-Test einzusetzen. Für mich war jetzt schon ziemlich offensichtlich, dass hinter Petras Scheitern, dauerhaft ihr Wunschgewicht zu erreichen und zu halten, mehr stecken dürfte. Jedenfalls ganz etwas anderes als das persönliche Versagen, das sie selbst sich bislang stets dafür angekreidet hatte. Das standardmäßige schrittweise Abklären über das Ziehen an Daumen und Zeigefinger, um einzugrenzen, woher und aus welcher Zeit denn dieser Druck im Bauch stammen könnte, führten uns zum Alter von drei Jahren. Augenblicklich schoss Petra eine Erinnerung in den Kopf, die sie schon lange vergessen, bzw. verdrängt hatte.

Petras Eltern hatten sich gut ein Jahr vor diesem Ereignis getrennt und so wohnten sie und ihr deutlich älterer 17-jähriger Bruder Hans alleine bei der Mutter. Just zu diese Zeit kam es, dass diese wegen einer zwar harmlosen, aber dennoch behandlungsbedürftigen Erkrankung für eine Woche ins Krankenhaus musste. Hans war durchaus in der Lage, diese kurze Zeit alleine auf die Wohnung und seine kleine Schwester aufzupassen. Im Grunde kümmerte er sich vorbildlich um die anfallenden Angelegenheiten und versorgte das Nesthäkchen mit soviel Sorgfalt, wie man es von einem Teenager kaum erwarten würde. Eines Mittags stand nun warmer Grießbrei auf dem Speiseplan. Woran auch immer es gelegen haben mag, auf dieses Gericht hatte die kleine Petra überhaupt keinen Appetit. Ob sie einfach satt war oder schlicht eine ausgeprägte Abneigung dagegen hatte, jedenfalls wollte sie ihren Brei partout nicht essen. Nach allen Regeln der Kinderkunst sträubte sie sich. Drehte und wendete sich in ihrem Esstuhl, weinte, schrie, strampelte, kniff die Lippen zusammen und spuckte den schließlich durch ihren Bruder doch in ihren Mund gezwungenen Brei umgehend wieder aus. Doch Hans gab nicht auf, er meinte es ja eigentlich auch nur gut. Wie so oft, war das allerdings auch in diesem Fall eher das Gegenteil von gut. Irgendwann hatte er es geschafft, Petras Widerstand zu brechen und sie dazu gebracht, leise wimmernd zumindest einen Teil des Breis zu schlucken. Dass sie dabei die ganze Zeit mit Übelkeit und Brechreiz zu kämpfen hatte, ist sicherlich einleuchtend.

Was dem ganzen Vorgang eine besonders dramatische Qualität verlieh, war gerade der Umstand, dass Petra ihren älteren Bruder damals wie heute sehr gern hatte. Unschwer nachzuvollziehen ist, dass ein derartiger Übergriff schon schrecklich genug ist, wenn dieser von einer Person durchgeführt wird, die einem ohnehin zuwider ist, jedoch ungleich drastischere Effekte bewirken kann, wenn der Übeltäter auch noch ein geliebter Mensch ist. Denn dann kommt zu dem Vorgang als solchen auch noch der Konflikt, in den es das Opfer zwangsläufig stürzen muss, wenn die Zuneigung zu der Person dem Schrecken über die Tat entgegensteht. Dies gilt stets, unabhängig davon, wie banal oder tragisch das Geschehen von außen betrachtet auch erscheinen mag. Jedenfalls hatte Petra diese Geschichte bislang scheinbar erfolgreich aus ihrem Gedächtnis gestrichen gehabt. Lediglich eine gewisse Abneigung gegen breiige Speisen aller Art hatte sie fortan begleitet. Was sich nun mit diesen Erkenntnissen anfangen ließ, um in Zukunft nicht mehr unter den Folgen, speziell den Gewichtsproblemen, leiden zu müssen, werden wir später noch erfahren.

2.4. Eine Methode mit zwei Namen

Immer wieder geschah es in der Menschheitsgeschichte, dass bedeutende Entdeckungen und Erfindungen fast zeitgleich völlig unabhängig voneinander gemacht worden sind. Denken Sie nur an Nicola Teslas und Thomas Edisons jeweilige Forschungen auf dem Gebiet der Elektrizität. Ob das alles dem reinen Zufall zu verdanken ist, oder andere Gründe dafür verantwortlich zeichnen, jedenfalls scheint es so, als ob große Geister in der Lage sind, Erkenntnisse zu gewinnen, deren Zeit offenbar einfach gekommen ist. So ereignete es sich auch Ende der 80er Jahre des zwanzigsten Jahrhunderts, dass eine der entscheidendsten therapeutischen Entwicklungen der letzten Jahrzehnte gleich doppelt begründet worden ist.

Die eine davon ereignete sich 1987 in der Folge einer schrecklichen Erkrankung. Die New Yorker Psychologin Francine Shapiro wanderte ziellos durch den Park, niedergedrückt von Verzweiflung, Angst und Traurigkeit wegen der bei ihr diagnostizierten Krebserkrankung. Ob nun einem Instinkt folgend oder aufgrund der wechselnden Lichtverhältnisse unter dem Blätterdach bewegte sie ihre Augen regelmäßig hin und her. Zu ihrer eigenen Überraschung stellte sie alsbald fest, dass sich ihre Gefühlslage deutlich zu bessern begann. Zwar war ihr die Ursache für diese Stimmungsaufhellung noch nicht wirklich klar, doch intuitiv vermutete sie einen Bezug zu den Augenbewegungen. So begann sie in der Folge, an diesem Punkt intensiver nachzuforschen. Ich empfinde große Achtung vor dieser Leistung, denn eine Beziehung zwischen den Augen und der seelischen Verfassung zu erkennen, ist alles andere als sonderlich naheliegend. Zumal wenn man bedenkt, dass Frau Shapiro in dieser niederschmetternden Situation sicherlich in erster Linie ganz andere Gedanken im Kopf gehabt haben dürfte, als sich mit solchen Überlegungen zu beschäftigen. Übrigens konnte sie später ihre Erkrankung überwinden und erfreut sich heute bester Gesundheit. Das Ergebnis von Francine Shapiros Arbeit ist heute unter dem Kürzel EMDR weltweit bekannt und insbesondere in der Traumatherapie ein in vielen Ländern offiziell anerkanntes Verfahren, das vor allem zur Behandlung der PTBS eingesetzt wird, jedoch darüber hinaus noch ein sehr viel weiteres Anwendungsspektrum zu bieten hat. EMDR steht für <u>E</u>ye <u>M</u>ovement <u>D</u>esensitization and <u>R</u>eprocessing, auf Deutsch also ungefähr: 'Desensibilisierung und Wiederverarbeitung mittels Augenbewegungen', was bereits andeutet, dass durch die Bewegung der Augen das in Frage stehende Geschehen neu bewertet werden soll, so dass in der Konsequenz der Betroffene sein Leben mit stärkerer Widerstandsfähigkeit wird meistern können. Etwa so, wie ein umgestürzter Baum, den man wieder aufrichtet und einpflanzt, fortan weiter wachsen und gedeihen kann.

Francine Shapiro kannte sich mit dem Neuro-Linguistischen-Programmieren sehr gut aus, und vermutlich hatte sie daher auch Kenntnisse und Erfahrungen mit den von den NLP-Begründern Richard Bandler und John Grinder in den 1970er beschriebenen Augenzugangshinweisen. Insofern kann dies durchaus die Basis gebildet haben, dass sie die Zusammenhänge zwischen Augenbewegung und neuronaler Verarbeitung von Erlebnissen erkennen und zuzuordnen in der Lage war. Bandler und Grinder hatten dargestellt, dass sich die Art und Weise, wie ein Mensch gerade denkt, in der Position seiner Augen widerspiegelt. So blicken die meisten Personen nach links oben, wenn sie sich bildhaft an etwas erinnern, nach rechts oben, um etwas visuell zu konstruieren, also sich intern etwas vorzustellen, was sie in dieser Form real noch nicht gesehen hatten. Dies stellt somit eine intellektuelle Funktion dar, wie sie typischerweise in der linken Gehirnhälfte stattfindet, die ihrerseits im Wesentlichen mit der rechten Körperseite (beispielsweise der rechten Hand) verdrahtet ist und diese steuert. Erinnert sich jemand an Geräusche, so blickt er zumeist auf mittlerer Augenhöhe nach links, konstruiert er etwas Akustisches, dann nach rechts. Ist der Blick nach rechts unten gerichtet, so nimmt derjenige gerade seine körperlichen Empfindungen wahr, gehen die Augen nach links unten, so findet in aller Regel ein interner Dialog statt, d.h. die Person spricht in Gedanken mit sich selbst. Natürlich ist dies in der beschriebenen Form so nur korrekt, wenn nicht gerade irgendein Objekt in der Außenwelt betrachtet wird, sondern innere Denkprozesse ablaufen. Obendrein gilt diese Aufteilung auch nicht für jeden, insbesondere bei Linkshändern sind die Seiten oft entgegengesetzt. Aber auch die vertikale Anordnung kann individuell differieren. Dennoch treffen diese Kategorien erstaunlich oft zu. Wichtig ist ohnehin in erster Linie, dass die Position der Augen offenbar mit Aktivitäten in unterschiedlichen Gehirnregionen assoziiert ist.

Dies war sicherlich auch Connirae und Steve Andreas bewusst, zwei berühmten NLP-Entwicklern, die daher Ende der 1980er Jahre den darauf beruhenden Eye-Movement-Integrator (EMI) erarbeitet und wohl auch in ihren Seminaren gelehrt hatten. Der breiten Öffentlichkeit blieb der EMI allerdings verborgen, bis das Ehepaar Andreas das Verfahren 1993 auf der 'Ericksonschen Konferenz für Kurzeittherapie' vorstellten und dabei die Aufmerksamkeit einer jungen Zuhörerin namens Danie Beaulieu erregten, welche die Bedeutung und das Potenzial der Methode erkannte. Ihr verdanken wir, dass diese Technik fortan durch Vorträge und Publikationen auch außerhalb von NLP-Seminarräumen Beachtung finden konnte.

Da Vorbereitung und Ablauf von EMDR und EMI weitgehend übereinstimmen, stelle ich Ihnen die einzelnen Schritte gemeinsam vor und gehe auf die kleinen, aber feinen Unterschiede dabei jeweils im Einzelnen bei der Beschreibung genau ein. Als Anwender sollte man auf jeden Fall Papier und Kugelschreiber zur Hand haben, um die Antworten des Gegenüber präzise und mit dessen eigenen Worten notieren zu können, so dass man nebenbei auch die Aufmerksamkeit stets auf das aktuelle Geschehen konzentrieren kann.

1. Typische Situation finden
2. Gefühle wahrnehmen
3. Emotionen beschreiben
4. Negative Kognitionen finden
5. Abschätzung der Belastungsintensität
6. Verarbeitungsprozess der aktuellen Problemsituation
7. Affektbrücke
8. Arbeit mit dem Ursprungstrauma
9. Neubewertung

1. Typische Situation finden
In aller Regel wird man im Coaching nicht gleich mit dem Ursprungstrauma konfrontiert, denn dieses ist, wie oben beschrieben, dem Klienten meist weder zugänglich noch die Beziehung zum aktuellen Anliegen erkennbar. Das ist zunächst auch nicht erforderlich, denn zu einem wesentlichen Teil ist ja genau das die Aufgabe des Therapeuten, dieses aufzudecken. Für gewöhnlich ist also ein vordergründiges Problem der Anlass für den Klienten, sich professionelle Unterstützung zu suchen, da er trotz meist vielfältiger Versuche damit bislang alleine nicht fertig werden konnte. Dabei kommt so ziemlich alles in Frage, vor allem natürlich jede denkbare Art von Schwierigkeiten, das persönliche Wunschgewicht zu erreichen oder zu halten. Sei es die Unfähigkeit, sich beim Essen entsprechend zurückzuhalten, insbesondere in Bezug auf Süßigkeiten, oder immer wieder fehlende Motivation zu eigentlich geplanten sportlichen Aktivitäten. Daneben bilden in der Praxis auch der vergebliche Wunsch, Nichtraucher zu werden, sowie Schwierigkeiten im Beruf und bei privaten Beziehungen die häufigsten Themen. Entscheidend ist, eine möglichst typische und intensive Situation zu finden, die das Problem am treffendsten repräsentiert und zusammenfasst. Diese soll sich der Klient so anschaulich und umfassend wie möglich vorstellen können, am besten in der Form eines einzelnen prägnanten Bildes

2. Gefühle wahrnehmen

Nun ist es vorrangig bedeutsam herauszufinden, welche körperlichen Wahrnehmungen in dieser typischen Situation vorhanden sind. Dieser Punkt spielt, wie bereits angedeutet, in der Veränderungsarbeit eine entscheidende Rolle. Dennoch wird es oft geradezu stiefmütterlich behandelt und manchmal zugunsten einer akribischen Abarbeitung eher technischen Aspekte vernachlässigt. Deshalb wollen wir uns hier zunächst ausführlich damit beschäftigen, denn vielen Menschen ist der Zugang zu ihren Gefühlen geradezu versperrt. Wichtig ist in diesem Zusammenhang auch die Unterscheidung zwischen den abstrakten Bezeichnungen bestimmter Emotionen, also z.B. Begriffe wie 'Angst', 'Wut', 'Trauer', 'Freude', 'Ekel' und den diesen zugrunde liegenden körperlichen Empfindungen, die im Englischen sehr treffend 'body sensations' genannt werden. Die erwähnten Begriffe umschreiben lediglich ein Bündel an körperlichen Wahrnehmungen, die von der betreffenden Person mit diesem Etikett versehen sind. Nehmen wir zur Verdeutlichung als Beispiel das Gefühl 'Trauer': Denken Sie an eine Situation, in der Sie so richtig traurig waren. Jetzt achten Sie einmal ganz genau auf alles, was Sie in Ihrem Körper spüren können. Manche Menschen fühlen vielleicht einen Klos im Hals, ein Brennen in den Augen, flache Atmung, ein Ziehen im Bauch und einen starken Druck im Rücken. Bei anderen hingegen ist es eine völlig andere Kombination an physiologischen Empfindungen, die für sie mit dem Begriff 'Traurigkeit' verbunden ist. Um genau diese Wahrnehmungen auf der körperlichen Ebene geht es in diesem Schritt, und es ist daher sehr wesentlich, mit großer Sorgfalt darauf zu achten, sie so umfassend und exakt wie möglich zu erfassen. Viele Klienten brauchen dazu etwas Zeit und häufigeres spezifisches Nachhaken, denn die meisten sind es schon seit langem nicht mehr gewohnt, in dieser Weise auf ihre differenzierten physiologischen Vorgänge zu achten. Manchmal ruft es daher zunächst Verwirrung und Erstaunen hervor, wenn sich der Coach mit Antworten wie: "Ich war traurig.", oder: "Ich fühlte mich wütend!" nicht zufrieden geben will. Nehmen Sie sich jedoch auf jeden Fall die Zeit und haben Sie die Geduld, auch etwas ausführlicher zu erläutern, worum es Ihnen geht, denn mit dieser Frage steht und fällt der gesamte Prozess. Wenn an diesem Punkt geschludert wird, ist der Erfolg des gesamten Verfahrens höchst zweifelhaft.

3. Emotionen beschreiben
Nach der ausführlichen und detaillierten Erfassung der körperlichen Wahrnehmungen werden im nächsten Schritt noch einmal kurz die in der Situation vorhandenen wesentlichen Emotionen vergegenwärtigt. Nun sind Begriffe wie 'Wut', 'Angst', 'Ekel', etc. gefragt, die das seelische Geschehen akkurat zusammenfassen. Den meisten Personen fällt dies sehr leicht. Es sollten nicht mehr als zwei bis maximal drei Affekte benannt werden.

4. Negative Kognitionen finden
Typischerweise sind belastende Situationen dadurch gekennzeichnet, dass die Person, die diese als solche erlebt, dabei abwertende Gedanken oder Einschätzungen in Bezug auf sich selbst besitzt oder entwickelt. Sehr oft findet auch das außerhalb des Bewusstseins statt. Daher geht es in einem weiteren Abschnitt darum, diese schädlichen Denkinhalte explizit zu verbalisieren. Meist schlagen sich diese Beurteilungen in Formulierungen nieder, die Modaloperatoren der Notwendigkeit (muss, darf nicht, kann nicht, soll) enthalten oder negative Selbsteinschätzungen auf der Identitätsebene wiedergeben, die sich an das Hilfsverb 'bin' anschließen. Prädestiniert und sehr häufig sind Aussagen wie: "Ich darf mich nicht wehren.", "Ich bin hilflos.", "Ich muss jetzt sterben.", "Ich bin nicht liebenswert", "Ich bin schuld.", "Ich kann nichts machen.".

5. Abschätzung der Belastungsintensität
Um dem Therapeuten einen Anhaltspunkt zu geben, wie ausgeprägt belastend der Klient die Situation empfindet, hat es sich bewährt, dieses anhand einer Skala benennen zu lassen. Dieses Vorgehen ermöglicht auch, nach durchgeführter Intervention den Unterschied in der Einschätzung und damit den Therapieerfolg für Coach und, noch viel wichtiger, für Klient sichtbar und objektivierbar zu machen. Zu diesem Zweck ist es sinnvoll, die Begebenheit und vor allem die dabei vorhandenen Gefühle, Emotionen und negativen Kognitionen noch einmal kurz zusammenzufassen. Hier leisten die gemachten Notizen stets gute Dienste. Dann ist es am Klienten, anhand einer Skala einzuschätzen, wie dramatisch das Geschehen für ihn war. Beispielhaft ist so eine Skala in Abbildung 4 dargestellt, die von 0 bis 10 reicht. '0' steht dabei für eine völlig neutrale Gegebenheit ohne irgendeinen belastenden Charakter; '10' symbolisiert das Schlimmste, was sich die Person überhaupt vorstellen kann. Meist liegen die Antworten zu diesem Zeitpunkt zwischen '5' und '8'.

0	1	2	3	4	5	6	7	8	9	10
neutral					belastend					extrem

Abbildung 4: Belastungs-Skala

6. Verarbeitungsprozess der aktuellen Problemsituation
Jetzt ist bereits der Zeitpunkt gekommen, mit den geführten Augenbewegungen zu beginnen. Der Klient versetzt sich intensiv in die beschriebene typische Situation mit all seinen Sinnen und folgt dann mit seinen Augen den Fingern des Coach. Idealerweise sitzt ihm dieser gegenüber und hält seine Hand in etwa dreißig bis sechzig Zentimeter Entfernung vor dessen Augen. Es schadet nicht, nachzufragen und auszuprobieren, welcher Abstand für den Klienten am angenehmsten ist. Um die Fokussierung der Augen und das Folgen der Bewegung zu erleichtern, kann an der Spitze des Mittel- oder Zeigefinger ein bunter Fingerhut oder ein dicker Ring angebracht werden. Eine Alternative kann auch ein Stock, idealerweise mit einem farblich abgesetzten Ende bieten. Vor allem bei länger andauernder Tätigkeit ist dies für die Armmuskulatur des Therapeuten äußerst zuträglich. In jedem Fall soll die Bewegung vor den Augen des Klienten so bemessen sein, dass dessen Blick jeweils quasi bis zum Anschlag in den Augenwinkeln geführt wird. Aber auch nicht weiter. An diesem Punkt kommen die Hauptunterschiede zwischen EMDR und EMI zum Tragen. Während bei der Methode von Francine Shapiro die Hand praktisch nur auf der mittleren Ebene relativ zügig waagrecht, manchmal auch leicht diagonal, hin und her bewegt wird (siehe Abbildung 5), so dass für jede Bewegung von einer Seite zur anderen etwa eine Sekunde benötigt wird, werden beim Eye-Movement-Integrator alle möglichen Verbindungsstrecken zwischen den sechs Punkten (Oben, Mitte, Unten, jeweils links und rechts) in zufälliger Reihenfolge angesteuert (siehe Abbildung 6), wenngleich ebenfalls schwerpunktmäßig über die vertikale Mittellinie, und das auch deutlich langsamer, mit einem Spanne von rund drei Sekunden pro Strich. Insgesamt dauert jeder Durchgang etwa eine Minute, und im Anschluss bekommt der Klient eine gewisse Zeit, um sich wieder zu reorientieren und den Vorgang zu integrieren.

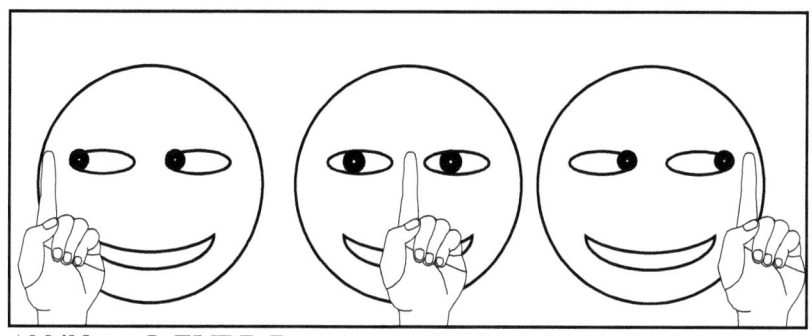

Abbildung 5: EMDR-Bewegungen

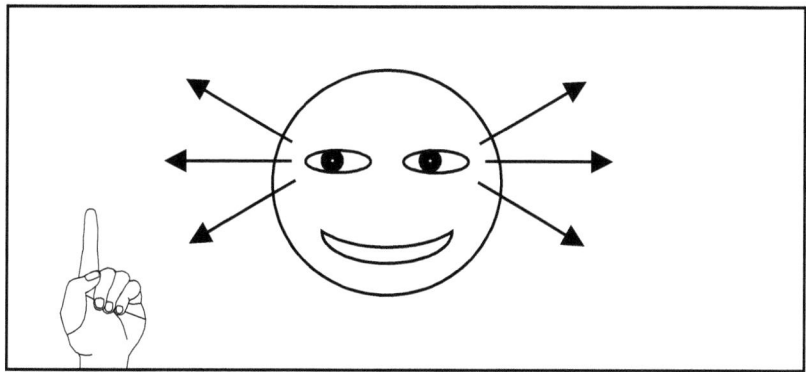

Abbildung 6: EMI-Bewegungen

Während des Führens der Augenbewegung sollte nichts gesprochen werden, außer möglicherweise ein gelegentliches affirmatives: "Nehmen Sie einfach wahr!". Sich vollziehende intensive Verarbeitungsprozesse sind von außen meist dadurch zu erkennen, dass die Augenbewegung kurz ins Stocken geraten, den Fingern ruckartig folgen, oder geblinzelt wird. Aber auch ohne diese Anzeichen findet praktisch immer eine neuronale Reorganisation statt, da nun bei aktivierter Erinnerung verschiedene zerebrale Areale angesteuert werden. Vor allem sind nun aber beide Gehirnhemisphären an dem Prozess beteiligt aufgrund der bilateralen Stimulation, die mit dem Führen der Augen nach links und nach rechts hervorgerufen wird, so dass dadurch eine Interaktion des rationalen, chronologischen und sprachlichen Denkens einerseits mit den bildlichen und intuitiven

Fähigkeiten andererseits möglich gemacht wird, was eine Neubewertung, auch und gerade auf der emotionalen Ebene, bewirken kann und wird.

7. Affektbrücke

Sobald der Klient erkennbar wieder aufnahmebereit ist, soll er beschreiben, was sich verändert hat, welche Gefühle in ihm entstanden sind und ob irgendwelche Erinnerungen oder Bilder auftauchten. Meist wird schon beim ersten Durchgang einiges geschehen sein, doch in aller Regel sind drei bis vier Wiederholungen erforderlich, bis sich die Einschätzung der Situation grundlegend gewandelt hat. Oftmals wird dies begleitet von starken emotionalen Reaktionen, die keinesfalls unterbrochen oder blockiert werden dürfen, denn sie sind ein wichtiger Teil der Neuorientierung. Allerdings sind die individuellen Variationsbreite sehr groß, so dass auch das scheinbare Ausbleiben deutlicher Anzeichen noch nicht unbedingt als Indiz gewertet werden darf, dass sich nichts tue. Als ein weiterer sehr häufig auftretender Effekt zeigen sich erste vagen Verbindungen und Einfälle in die Richtung, es könne noch etwas aus der ferneren Vergangenheit damit zu tun haben. Man nennt dies eine 'Affektbrücke', die den emotionalen und meist auch kausalen Bezug zeitlich weit auseinander liegender Ereignisse herstellt und in gewisser Weise ähnlich funktioniert wie das freie Assoziieren, das schon von Sigmund Freud als zentrale aufdeckende Prozedur seiner Psychoanalyse eingesetzt worden war. Sollte dies geschehen, so ist der Zeitpunkt gekommen, sich unverzüglich mit diesen Flashbacks weiter auseinanderzusetzen. Sollten jedoch auch nach vier oder fünf Sätzen an geführten Augenbewegungen partout keine spontanen Rückerinnerungen auftauchen, so hat es sich bewährt, nun in der oben beschriebenen Weise den O-Ring-Test anzuwenden, um in fast allen Fällen zügig und zielgenau das Ursprungstrauma ausfindig machen zu können. Lediglich, wenn auch dies zu keinem Ergebnis führt, entfällt der nächste Schritt.

8. Arbeit mit dem Ursprungstrauma

Analog dem Vorgehen mit der aktuellen Situation geht es nun auch hierbei wieder darum, Gefühle, Emotionen und negative Kognitionen herauszuarbeiten sowie die Stärke der Belastung einzustufen, um daraufhin erneut mit geführten Augenbewegung die Verarbeitung dieses oft lange zurückliegenden Traumas zu initiieren. Da dieses in aller Regel deutlich gravierender sein wird, sind zum einen die bei diesem Prozess auftretenden Abreaktionen meist sehr heftig, und zum anderen ist auch der Zeitbedarf in aller Regel deutlich größer, so dass in dieser Phase viel Geduld, Erfahrung und auch ein hohes Maß an seelischer Stabilität auf der Seite des Therapeuten unerlässlich sind. Zusätzlich werden in den meisten Fällen alternative Techniken und Werkzeuge erforderlich sein, die es erlauben, den Klienten zu stabilisieren und nötigenfalls mit weiteren Ressourcen auszustatten. Meist verläuft der interne Verarbeitungsprozess wellenförmig, d.h. es findet quasi eine emotionale Achterbahnfahrt statt, während derer sich positive und hoffnungsvolle, teils fast euphorische Phasen abwechseln mit Perioden tiefer Trauer, Angst und Wut. Erst nach und nach pendeln sich diese Sprünge zwischen alternierenden Gemütszuständen ein, so dass sich die eigentliche Integration vollzieht.

9. Neubewertung

Sobald aus den Rückmeldungen, sowohl den verbalen als auch den nonverbalen, erkennbar ist, dass sich das traumatische Geschehen in seiner Bedeutung für den Betroffenen grundsätzlich gewandelt hat, ist es hilfreich, eine erneute Einschätzung sowohl des Ursprungstraumas als auch der aktuellen Problemsituation anhand der Skala abzugeben. Unvermeidlich werden für beide Themen deutlich niedrigere Werte angegeben werden, wobei sich oft noch Größenordnungen von '3' bis '4' abzeichnen, die nahelegen, dass noch weitere Geschehnisse aufzuarbeiten sind, was jedoch sinnvollerweise erst mit einem zeitlichen Abstand von mindestens einer Woche angegangen werden sollte, damit sich zunächst einmal die erfolgten Neustrukturierungen im Unbewussten setzen können. Als sehr wertvoll erweist es sich jedoch schon an diesem Punkt abzuklären, ob sich nicht die bisherigen negativen Kognitionen gewandelt haben und durch neue, positive Glaubenssätze ersetzt worden sind. Ist das der Fall, so sollte sich der Klient diese vergegenwärtigen, während der Coach erneut in einem sehr kurzen Durchgang dessen Augen führt, um die neue Selbsteinschätzung im Gehirn zu verankern. Für diesen Zweck genügen meist zwei bis drei Bewegungen hin und her.

Helga - Enttäuschung mit gewichtigen Konsequenzen

Helgas Vater verließ sie und ihre Mutter, als sie vier Jahre alt war. Schon in der Zeit zuvor hatte er sich kaum um die Familie gekümmert und war auch nur sporadisch daheim. Doch daran konnte sie sich gar nicht mehr so recht erinnern. Lediglich, dass sie ihn auch in den Jahren danach kaum gesehen hatte, und er irgendwann in eine andere Stadt gezogen war. In den vergangenen zehn Jahren war der Kontakt völlig abgebrochen, und von Helgas Seite aus bestand auch kein Interesse, diesen wieder aufzunehmen. Offenbar ebensowenig vonseiten des Vaters, denn der ließ sowieso nichts mehr von sich hören. Helga konnte nicht einmal mit Sicherheit sagen, ob er noch unter seiner letzten bekannten Adresse wohnte, oder ob er überhaupt noch am Leben war. Sie ging mal davon aus, denn er dürfte erst um die Fünfzig sein, und vermutlich hätte man sie schon auf irgendeine Weise benachrichtigt, wenn was passiert wäre, vermutete sie auf meine Nachfrage. Irgendwie schien mir dabei, dass sie sich darüber bislang noch gar keine Gedanken gemacht hatte. Helga war inzwischen 33 Jahre alt und kam, wie die meisten Klienten, wegen ihres deutlichen Übergewichtes zu mir. Eigentlich waren ihre Herkunftsfamilie und speziell ihr Vater nie Thema für sie gewesen, und der Fokus ihrer Probleme lag überhaupt nicht in diesem Bereich. Wie kamen wir also darauf? Dazu später.

Denn zunächst erzählte mir Helga sehr ausführlich über verschiedene Erlebnisse ihres Lebens, nicht nur, aber auch in Zusammenhang mit ihrem Gewicht. So war sie als Mädchen sehr schüchtern, kam erst vergleichsweise spät in die Pubertät und hinkte daher in ihrer körperlichen Reife ihren Freundinnen und Mitschülerinnen merklich hinterher. Als jene dann endlich einsetze, verlief dafür alles umso rasanter. Bis dato immer sehr mager gewesen, konnte man ihr plötzlich beim Zunehmen fast zusehen. Vor allem ihre Brüste entwickelten sich sehr schnell und außerordentlich stark. Die Veränderungen geschahen so rapide, dass binnen einiger Monate aus einem recht dünnen Mädchen eine durchaus moppelige junge Frau geworden ist, die über diese Entwicklung entsetzlich unglücklich war. Zu allem Überdruss wurden dies alles auch noch von einer plötzlich aufgeflammten massiven Akne begleitet.

Helga dachte nicht gerne an diese Zeit zurück. Die unreine Haut besserte sich zwar nach und nach, das Übergewicht blieb hingegen nicht nur erhalten, sondern wurde Jahr für Jahr mehr, wenngleich in deutlich gemächlicherem Tempo. Erst während ihrer Schwangerschaft vor fünf Jahren legte sie nochmals sprunghaft zu, und wurde dies auch nach der Geburt ihrer

Tochter nicht mehr los. In gewisser Weise passte ihre Leibesfülle durchaus zu ihr, Helga wirkte wie eine warmherzige, gemütliche, etwas hemdsärmlige und rührige Frau. Auch schien sich ihr Umfeld, insbesondere ihr Mann, eigentlich nicht daran zu stören. Schließlich hatte er sie ja schon als etwas festere Erscheinung kennengelernt. Nur Helga selbst war mit sich im Laufe der Zeit immer unzufriedener geworden und hatte natürlich auch bereits diverse gescheiterte Versuche der Gewichtsreduktion hinter sich gebracht.

Somit war es nun an der Zeit, ein bisschen nachzuforschen, welche Rolle denn das Gewicht und das Essen für Helga eigentlich in ihrem Leben so spielten. Ich bat sie, auf die Gefühle in ihrem Körper zu achten, die sie wahrnehmen könne, wenn sie an ihre Leibesfülle dächte. "Ich ekele mich vor mir selbst. Fast widerlich!", platzte es aus ihr heraus. Wie ich es nahezu immer erlebe, ist die erste Antwort auf meine Frage eben genau keine Beschreibung körperlicher Wahrnehmung, sondern die Nennung verschiedener abstrahierter Emotionen, die insofern mindestens einen Schritt vom zugrunde liegenden physiologischen Empfinden entfernt sind. Daher hakte ich natürlich nach, woran sie das in ihrem Körper spüre. "Ja, ich habe da so einen Druck im Bauch, etwa hier in der Magengegend, fast wie ein Stein, der darin liegt.", war ihre Antwort. Zusätzlich demonstrierte sie mit der Hand die Stelle auf ihrem Unterleib, an der sie dieses Gefühl verspürte. Diesmal musste ich gar keinen O-Ring-Test anwenden, denn über eine spontane Affektbrücke, die das gegenwärtige mit dem vergangenen Erleben verknüpft, kam Helga sofort ein Bild in die Erinnerung zurück.

"Mein Vater war einige Wochen zuvor ausgezogen. An diesem Samstag nun sollte er mich abholen und das Wochenende mit mir verbringen. Ich freute mich darauf und stand schon morgens mit meiner gepackten Tasche und meinem Kuschelbären im Flur bereit und wartete. Aber er kam nicht. Als er gegen Mittag immer noch nicht da war, versuchte meine Mutter, bei ihm anzurufen, doch er ging nicht ans Telefon. Ich wartete weiter, ich glaube bis spät zum Nachmittag. Eine Ewigkeit, wie mir schien, jedenfalls kam er einfach nicht. Ich wollte auch gar kein Mittagessen, weil er hätte ja in der Zeit klingeln können. Ich hatte die Geschichte ganz vergessen, aber jetzt, wo ich wieder daran denke, werde ich ganz wütend, mein

Magen zieht sich richtig zusammen!", sprudelte es aus ihr heraus. Auch ihre Gesichtszüge waren inzwischen deutlich erzürnt, die Augenbrauen tief nach unten und zusammen gezogen. Ich bat Helga, mir zu sagen, was sie über sich denke, wenn sie sich in die damalige Situation hinein versetze. Sie glaube, sie sei völlig wertlos, war ihre spontane Antwort. Insgesamt würde sie auf der Skala von 0 (neutral) bis 10 (schlimmst mögliches Ereignis) dieses Erlebnis mit einer '8' einstufen. Das war schon ziemlich heftig.

Wir hatten nun also das körperliche Gefühl (Magen), die Emotion (Wut) und die negative Kognition (Wertlosigkeit) sowie die Skalierung beisammen und konnten daher mit dem ersten Durchgang an geführten Augenbewegungen beginnen. Schon in deren Verlauf veränderten sich die Wut und der Stein im Magen zu einem Kloß im Hals und einer tiefen Traurigkeit. Auch ihre Mimik spiegelte das untrüglich wieder. Helgas Brauen waren nun in der Mitte nach oben gezogen, und ihre Augen sichtlich feucht geworden. Tränen vergoss sie allerdings keine. Auf Nachfrage beschrieb sie nun herzzerreißend, wie schrecklich das wohl damals gewesen sein müsse, als das kleine Mädchen den ganzen Tag voller Vorfreude auf ihren Papi gewartet hatte, aber der einfach nicht erschienen ist, weil sie ihm wohl egal oder jedenfalls nicht besonders wichtig war. Sie erinnerte sich auch noch, dass ihre Mutter seinerzeit beständig bemüht gewesen ist, sie zu trösten, aber dies natürlich nicht wirklich viel genutzt hatte.

Wir gingen nun zügig zum zweiten Durchgang über, und es dauerte nicht lange, bis sich Helgas Gesicht und Körper erkennbar entspannten. Irgendwann schloss sie einfach die Augen, und ich konnte daher pausieren. Sie brauchte nun einfach ein paar Minuten für sich. Als sie schließlich die Augen wieder öffnete und mich anschaute, berichtete sie mit erstaunter Stimmen: "Irgendwie ist es jetzt ok. Es war zwar eine Gemeinheit, die sich mein Vater damals mit mir geleistet hat, aber das passt zu ihm. Ich sehe überhaupt nicht mehr ein, weswegen ich bis heute darunter leiden soll, dass er so ein Miesling ist. Obendrein habe ich das Gefühl, dass ich nur deshalb so dick geworden bin, um einen Schutzpanzer um mich zu haben, damit keiner an mich ran kann. Vor allem keine Männer. Ich glaube, ich brauche das jetzt nicht mehr. Ich weiß mich auch auf ganz andere Weise zur Wehr zu setzen, wenn mir einer dumm kommt. Gute Lust hätte ich, meinen Vater anzurufen und ihm ordentlich die Meinung zu geigen, was er sich eigentlich eingebildet hat. Um den Unterhalt hat er sich auch fast immer gedrückt." Sie redete sich geradezu ein Stück in Rage, doch es schien ihr gut zu tun, und es hatte durchaus die befreiende Wirkung einer kleinen Katharsis. Ich riet ihr, den Anruf bei dem Vater nicht, oder vielleicht nicht sofort zu machen, dafür sei sie im Moment zu aufgewühlt. Erfahrungsgemäß bringt so etwas in solchen Situationen nicht viel Gutes. Das sah sie genauso und versprach, mindestens bis zum nächsten Wochenende zu warten. Die abschließende Beurteilung auf der Skala benannte sie nun als eine '2', wobei sich vor allem auch die Form des Gefühls völlig verändert hatte. Die vorherige Hilflosigkeit sei völlig gewichen, jetzt sei sie einfach sauer, aber damit könne sie gut umgehen.

Helga sendet mir seither regelmäßig eine Karte zu Weihnachten, in der sie stets ein bisschen zusammenfasst, wie es ihr denn im zurückliegenden Jahr so ergangen ist. Den Anruf beim Vater hat sie nie getätigt und auch sonst keinen Kontakt zu ihm gesucht oder hergestellt. Ihrer Aussage nach besteht für sie auch kein Verlangen danach. Ihr Körpergewicht wird Jahr für Jahr ziemlich kontinuierlich weniger, wenn auch nicht in dramatischer Weise. Sie ist in ihrer Einschätzung nach wie vor etwas pummelig, doch sie findet, das passe ganz gut zu ihr, und sie fühle sich in ihrer Haut inzwischen richtig wohl. In ihrer letzten Karte merkte sie recht süffisant an (wir sind mittlerweile per Du): "Meinem Mann scheine ich inzwischen besser denn je zu gefallen. So wie ich jetzt bin, will ich einfach bleiben. Stell Dir mal vor, aus mir würde so ein Hungerhaken werden, ich glaube, das wäre gar nicht gut. Schließlich mag er es, wenn an einer Frau ein bisschen was dran ist. Darum hat er ja gerade mich geheiratet ;-)"

2.5. Finale mit Abwechslung

Vor allem in früheren Zeiten, manchmal auch noch vereinzelt heute, wird bei der Hypnose-Einleitung ein Pendel oder eine Uhr vor den Augen des Probanden geschwungen. Dadurch sollen die Augen ermüdet werden, so dass früher oder später fast automatisch der Lidschluss eintritt, und der Übergang in den Zustand der Trance erleichtert wird. Oberflächlich betrachtet ähnelt dies dem Vorgehen bei EMDR und EMI, darf jedoch nicht verwechselt werden, denn hierbei soll gerade kein hypnotischer Zustand erreicht werden. Ganz im Gegenteil ist es wichtig, dass der Klient bei vollem Wachbewusstsein bleibt. Lediglich gegen Ende jedes Durchgangs ist eine kurze Integration mit geschlossenen Augen angemessen, die jedoch nicht die Qualität einer formellen Trance haben darf. Darauf ist auf jeden Fall zu achten, denn EMDR/EMI und Hypnose sind zwei völlig unterschiedliche Ansätze mit gänzlich voneinander abweichenden Wirkungen in Bezug auf die beteiligten Hirnareale und die auftretenden Gehirnwellen. Beides darf nicht vermengt werden, wenn der jeweils optimale Effekt erzielt werden soll.

Ganz anders sieht es indes nach Abschuss einer Session mit geführten Augenbewegungen aus. Dann kann es oftmals sehr hilfreich sein, eine Trance anzuschließen, um die erzielten Veränderungen tief im Unbewussten des Klienten zu verankern und den Selbstheilungsprozess sowie die Aktivierung weiterer Ressourcen zu beschleunigen, damit die Ergebnisse dadurch zusätzlich stabilisiert werden. Vor allem auch im Falle von Gewichtsfragestellungen wende ich es regelmäßig an, mittels einer nachfolgenden Energy-Hypnose den Ziele-Prozess in der beschriebenen Form einzusetzen, um die gewünschte Größenordnung des Abnehmens zu installieren, energetische Blockaden aufzulösen und folglich das Erreichen des ursprünglichen Anliegens zu garantieren.

Neben den Augenbewegung bieten sich auch noch andere Formen bilateraler Stimulation an, um abwechselnd die beiden Gehirnhälften zu aktivieren. Beispielsweise auf taktile Weise durch das wechselseitige sanfte Berühren bzw. Beklopfen (im Fachjargon: "Tappen") der Handinnenflächen oder der Handrücken. Auch die Oberseiten der beiden Knie eignen sich hervorragend dafür. Vor allem, wenn die einzelnen Durchgänge alternierend geschehen, also mal mit den Augenbewegungen, mal mittels Tappen, denn dabei werden jeweils unterschiedliche Regionen im Gehirn des Klienten angesteuert, was der Verarbeitung sehr zugute kommt. Für mich persönlich verzichte ich auf diese Option der körperlichen Berührungen allerdings bei der Arbeit mit Klienten, insbesondere des anderen Geschlechts, da dies doch ein hohes Maß an Vertraulichkeit, ja fast Intimität bewirkt, die unter Umständen unangemessen wirken kann und auch aus rechtlichen Erwägungen nicht ganz unproblematisch ist. Bei EMDR-Sitzungen mit guten Freunden oder in der Supervision mit Kollegen mache ich jedoch stets Gebrauch vom

Klopfen auf Hände und Knie. Nicht unerwähnt soll bleiben, dass selbstverständlich auch akustische Reize als Ergänzung verwendet werden können. Es existieren hierfür inzwischen sogar Audiodateien und Computerprogramme, die abwechselnd links und rechts Töne generieren. Dies ist sicherlich eine sinnvolle Variante bei der Selbstanwendung. Im Coaching-Kontext ist das unerlässliche Anlegen und Abnehmen der Kopfhörer allerdings reichlich unpraktisch, mal ganz abgesehen von den Verständigungsproblemen zwischen Therapeut und Klient, die während des Lauschens auftreten.

Ein ganz typische Aussage, die von vielen sinngemäß nach einem erfolgreichen EMDR/EMI-Termin in Bezug auf das traumatische Ereignis formuliert wird, ist: "Es war ein schreckliches Erlebnis, aber es ist vergangen und vorbei. Ich kann jetzt endlich daran denken, ohne dabei Angst oder Schmerz zu empfinden." Dies ist ein deutlicher Beleg, dass die emotionale Integration und die chronologisch korrekte Einordnung letztendlich stattgefunden hat, und fortan auch keine Verdrängung mehr notwendig sein wird. Ebensowenig die vielfältigen Mechanismen, mit denen der Betroffene bislang versucht hatte, mit dem Geschehen zurande zu kommen. Die Erfolge, die mit dieser Methode erzielt werden, beeindrucken mich stets aufs Neue, sowohl in Bezug darauf, wie tiefgreifend und weitreichend die positiven Nachwirkungen häufig sind, nicht selten sogar bis in Lebensbereiche hinein, die zunächst gar nicht im Fokus der Betrachtungen lagen, als auch was die Geschwindigkeit der Veränderung betrifft. Der Umstand, dass meist nur ein oder allenfalls sehr wenige, wenngleich sehr intensive Termine erforderlich sind, um selbst komplexe Thematiken aufzulösen, ist der Grund dafür, dass das Kürzel EMDR manchmal auch scherzhaft ausgelegt wird als: "Einmal musst Du ran!".

Zwar ist die eigentliche Indikation von EMDR/EMI die Aufarbeitung von Traumata und Belastungsstörungen, doch zeigt sich mittlerweile, dass die Anwendungsmöglichkeiten erheblich breitgefächerter sind und im Coaching-Kontext von Motivation in Sport und Beruf sowie Verbesserung des Selbstvertrauens über die Bewältigung von Stresssituationen, z.B. Sprechen vor Gruppen oder Prüfungen, bis hin zu Lernblockaden reichen. Im therapeutischen Rahmen hat das Verfahren inzwischen seinen festen Platz bei der erfolgreichen Behandlung von beispielsweise Anpassungsstörungen, Aufmerksamkeitsdefizit-Hyperaktivitäts-Syndrom (ADHS), Phobien und Zwangssymptomen sowie im klinischen Einsatzgebiet sogar zur Unterstützung bei Suchtproblemen.

Für diejenigen Leser, denen schon einmal die Transaktionsanalyse von Eric Berne begegnet ist, möchte ich noch eine kleine Anregung zum eigenständigen Beurteilen mit auf den Weg geben. Je mehr ich mich mit EMDR/EMI beschäftigte und die Ergebnisse erleben durfte, umso mehr drängte sich mir die Frage auf, ob es womöglich gerade in der frühen Kindheit stattgefundene Traumatisierungen sein könnten, die das sogenannte 'Skript' einer Person festlegen. Berne meinte mit diesem Begriff so etwas wie einen vorgefertigten Plan, der in den ersten Lebensjahren bestimmt wird, und dem dieser Mensch dann den Rest seiner Existenz folgen wird. Dadurch ist quasi von vornherein vorgegeben, ob jemand arm oder reich, stark oder kränklich, glücklich oder vom Pech verfolgt, erfolgreich oder zum Versager werden wird. Ja sogar, welches Alter dieser Mensch erreichen kann. Berne hielt das einmal determinierte Lebensskript für faktisch unabänderlich und allenfalls mittels jahrelanger intensiver Therapie marginal beeinflussbar. Aber vielleicht ist das ja auch alles ganz anders?

Schauen wir uns daher zur weiteren Illustration der befreienden Wirkungsweisen der Augenbewegungen zum Abschluss dieses Kapitels noch die Fortsetzung von Petras Geschichte an.

Petra - Grießbrei mit Grauen (Teil 2)

Mit der Erinnerung an das Erlebnis mit ihrem Bruder und dem Grießbrei sowie der damit verbundenen Übelkeit war nun also eine Möglichkeit gefunden, an der mutmaßlichen Auslöseerfahrung für ihre Probleme anzusetzen. Es war daher angebracht, Petras Augenbewegungen zu führen, während sie sich in das damalige Geschehen hineinversetzte und auch all die früheren Gefühle reaktivierte. Petra sollte mit ihren Augen meinen Fingern folgen, sich dabei vor allem auf dieses Gefühl im Bauch konzentrieren und darauf achten, ob sich irgendetwas verändert, oder ob ihr etwas Ungewöhnliches einfällt. Es brauchte nicht einmal ein halbe Minute, und aus dem leichten Druck war ein veritabler Würgereiz geworden. Eine kurze Pause und ein zweiter Durchgang brachten zunächst keine weitere Veränderung.

Doch der nächste Satz bewirkte dann den Durchbruch: Nach rund einer Minute hatte sie zum einen feuchte Augen bekommen, zum anderen aber auch ein gelöstes Lächeln auf ihrem freundlichen Gesicht. "Der Würgereiz und der Druck im

Bauch sind weg. Kurze Zeit spürte ich eine gehörige Wut auf meinen Bruder, dass er mir sowas antut. Dann wurde ich ganz traurig und jetzt ist es irgendwie in Ordnung. Er wollte ja eigentlich nur, dass ich was esse, während Mama im Krankenhaus ist. Er wollte mir nichts Böses tun. Er hat das gar nicht gemerkt, was er mir antut, sonst hätte er es sicherlich gelassen.", waren ihre Worte.

Fast vierzig Jahre hatte sie dieses Ereignis nun in ihrem Unbewussten mit sich herumgetragen und, so ergaben die Nachbesprechungen, mit Essen versucht, dieser Erinnerung zu entfliehen. Letztlich änderte sich zunächst fast schlagartig das Verhältnis zu ihrem Körper. Sie fand sich zwar nach wir vor zu dick, jedoch nicht mehr abstoßend und widerlich, wie das noch kurz zuvor der Fall war. Nach wie vor hatte sie das feste Ziel abzunehmen, doch der zwanghafte Aspekt war nicht mehr vorhanden. Somit hatte Petra es auch gar nicht mehr so eilig, so dass wir vereinbarten, sie möge zunächst zwei Wochen warten, bis für all das, was sich in der Sitzung getan hatte, genug Gelegenheit war, sich ein wenig zu ordnen. Als wir uns dann wiedersahen, erzählte sie, dass sie aufregende Tage und vor allem Nächte hinter sich hatte, in denen sie sehr viel und sehr intensiv geträumt hatte. Dies ist ganz typisch und ein gutes Zeichen dafür, dass das Unbewusste in hohem Maße aktiv ist. Den zweiten Termin nutzten wir deshalb dafür, dass Petra in einer angenehmen und tiefen Trance den Ziele-Prozess absolvierte, um noch einige Ressourcen zu aktivieren, zusätzliche Energien freizusetzen und sich fest auf das Erreichen ihren Wunschgewichtes zu programmieren.

Es zeigte sich in der Folge, dass einerseits ihr Gewicht nicht mehr diese zentrale und alles bestimmende Rolle in ihrem Leben spielte, wie dies zuvor der Fall gewesen war, und andererseits ohne spezielle Diäten langsam und kontinuierlich Kilo für Kilo von ihren Rippen verschwand. Ihre Seele brauchte die Fettpolster nun nicht mehr, und ihr Körper ließ diese somit nach und nach in angemessenem Tempo abschmelzen. Ein Jahr später hatte sie rund 15 Kilo abgenommen und fühlte sich auf einem guten und richtigen Weg sowie besser denn je zuvor in ihrem Leben.

Schlusswort mit Perspektive

Ich hoffe und bin überzeugt davon, dass Sie im Verlaufe des Buchs vieles erfahren konnten, das neu und manchmal auch überraschend war. Nicht nur, dass hinter dem vergeblichen Bemühen, die eigene Traumfigur zu erreichen, in vielen Fällen seelische Zusammenhänge und tief im Unbewussten verborgene Motivationen schlummern, die man in dieser Form nie vermuten würde. Einige der Fallgeschichten verhalfen Ihnen dabei gewiss zu dem einen oder anderen Aha-Erlebnis. Welche Möglichkeiten bestehen, an dieser Stelle anzusetzen und damit überhaupt erst die Basis zu schaffen, um das individuelle Zielgewicht erreichen und behalten zu können war der Kern dieses Kompendiums. Darüber hinaus war es mir fast noch mehr ein Anliegen, Ihnen aufzuzeigen, wie Sie mit der neuen Sicht auf die Einheit von Körper und Geist insgesamt ein zufriedenes und erfülltes Leben führen können.

Eine Botschaft möchte ich Ihnen noch mit auf den Weg geben: Seien Sie durchaus kritisch in Bezug auf die Dinge, die man uns tagein tagaus als wissenschaftliche Erkenntnisse und letzte Wahrheiten auftischt. Machen Sie lieber Ihre eigenen Erfahrungen und vertrauen Sie ruhig auch einmal Ihren fünf Sinnen.

Somit bleibt mir noch, Ihnen zu wünschen, dass Sie fortan ein Leben mit Begeisterung und Ihrer persönlichen Idealfigur genießen werden.

Anhang mit Literatur

Andreas, Connirae und Andreas, Steve (2004), Mit Herz und Verstand. NLP für alle Fälle, 4. Auflage, unveränderter Nachdruck
Junfermann Verlag, Paderborn

Atkins, Robert C. (2004), Diät-Revolution: Der kalorienreiche Weg zu gesunder Schönheit, 7. Auflage
Fischer Taschenbuch Verlag, Frankfurt am Main

Baltes, Werner und Matissek, Reinhard (2011), Lebensmittelchemie, 7. vollständig überarbeitete Auflage,
Springer, Heidelberg

Bandler, Richard (1990), Veränderung des subjektiven Erlebens, Fortgeschrittene Methoden des NLP, 3. Auflage
Junfermannsche Verlagsbuchhandlung, Paderborn

Bandler, Richard und Grinder, John (1985), Neue Wege der Kurzzeittherapie, Neurolinguistische Programme, 4. Auflage
Junfermannsche Verlagsbuchhandlung, Paderborn

Bandler, Richard und Grinder, John (2005), Reframing. Ein ökologischer Ansatz in der Psychotherapie (NLP), 8. Auflage
Junfermann Verlag, Paderborn

Beaulieu, Danie (2003), Eye Movement Integration Therapy (EMI): The Comprehensive Clinical Guide
Crown House Pub Ltd, Carmarthen (UK)

Berne, Eric (2012), Was sagen Sie, nachdem Sie » Guten Tag « gesagt haben?,
22. Auflage
Fischer Taschenbuch Verlag, Frankfurt am Main

Besser-Siegmund, Cora und Siegmund, Harry (2010), wingwave-Coaching: Wie der Flügelschlag eines Schmetterlings
Junfermann Verlag, Paderborn

Bundesministerium für Bildung und Forschung (Hrsg.) (2011), Seele aus der Balance, Erforschung psychischer Störungen, Aktualisierung der Erstauflage 2010
BMBF, Berlin

Centre hospitalier de l'Université de Montréal (2010), Treating depression with Omega-3: Encouraging results from largest clinical study
in: ScienceDaily, 30 Jun. 2010. Web. 21 Feb. 2013

Cooper, Linn und Erickson, Milton (2004), Time Distortion in Hypnosis, An Experimental and Clinical Investigation
OTC Publishing Corp., Boca Raton, Florida (US)

Deutsche Gesellschaft für Ernährung und Österreichische Gesellschaft für Ernährung und Schweizerische Gesellschaft für Ernährungsforschung und Schweizerische Vereinigung für Ernährung (Hrsg.) (2012), Referenzwerte für die Nährstoffzufuhr,
1. Auflage, 4. korrigierter Nachdruck
Neuer Umschau Buchverlag, Neustadt a. d. Weinstraße

Elman, Dave (1984), Hypnotherapy, New Edition
Westwood Publishing, Glendale, California (US)

Erickson, Milton und Rossi, Ernest (2007a), Hypnose erleben, Veränderte Bewusstseinszustände therapeutisch nutzen
J. G. Cotta'sche Buchhandlung Nachfolger GmbH, Stuttgart

Erickson, Milton und Rossi, Ernest (2007b), Hypnotherapie, Aufbau, Beispiele, Forschungen, 9. Auflage
J. G. Cotta'sche Buchhandlung Nachfolger GmbH, Stuttgart

Erickson, Milton und Rossi, Ernest und Rossi, Sheila (2009), Hypnose: Induktion, Psychotherapeutische Anwendung, Beispiele, 7. Auflage
J. G. Cotta'sche Buchhandlung Nachfolger GmbH, Stuttgart

Ferriss, Tmothy (2010), The 4-Hour Body: An uncommon guide to rapid fat-loss, incredible sex and becoming superhuman: The Secrets and Science of Rapid Body Transformation
Vermilion, London (UK)

Frölich, Jan und Döpfner, Manfred (2008), Die Behandlung von Aufmerksamkeitsdefizit-/Hyperaktivitätsstörungen mit mehrfach ungesättigten Fettsäuren - eine wirksame Behandlungsoption?, in: Zeitschrift für Kinder- und Jugendpsychiatrie und Psychotherapie 36 (2), 2008, S. 109–116

Gräfe, Kerstin (2004), Omega-3-Fettsäuren: Schutz vor Schlaganfall und Infarkt, in: Pharmazeutische Zeitung 04/2004

Gresch, Hans Ulrich (2010), Hypnose Bewusstseinskontrolle Manipulation: Bewusstseinskontrolle durch Persönlichkeitsspaltung
Elitär Verlag, Düsseldorf

Grinder, John und Bandler Richard (2006), Therapie in Trance, Neurolinguistisches Programmieren (NLP) und die Struktur hypnotischer Kommunikation, 12. Auflage
J. G. Cotta'sche Buchhandlung Nachfolger GmbH, gegr. 1659, Stuttgart

Hamm, Michael und Neuberger, Dirk (2008), Omega-3 aktiv: Gesundheit aus dem Meer, 2., aktualisierte Auflage
Schlütersche Verlagsgesellschaft, Hannover

Helden, Raimund von (2011), Gesund in sieben Tagen: Erfolge mit der Vitamin-D-Therapie
Hygeia-Verlag, Dresden

Hofmann, Arne (2009), EMDR: Therapie psychotraumatischer Belastungssyndrome, 4. unveränderte Auflage
Georg Thieme Verlag, Stuttgart

Holick, Michael (2007), Medical Progress: Vitamin D Deficiency,
in: The New England Journal of Medicine, Vol. 357 No. 3, S. 266-281

James, Tad und Flores, Lorraine und Schober, Jack (2007), Kompaktkurs Hypnose: Wie man Phänomene tiefer Trance hervorruft. Ein umfassender Leitfaden, 2. Auflage
Junfermann Verlag, Paderborn

James, Tad und Woodsmall, Wyatt (2006), Time Line: NLP-Konzepte zur Grundstruktur der Persönlichkeit, 6. Auflage
Junfermannsche Verlagsbuchhandlung, Paderborn

Kafka, Franz (2006), Das Schloß
Suhrkamp Verlag, Berlin

Kossak, Hans-Christian (2004), Hypnose. Mit Audio-CD: Ein Lehrbuch für Psychotherapeuten und Ärzte, 4. vollständig überarbeitete Auflage
Beltz Psychologie Verlags Union, Weinheim

Lespérance François und Frasure-Smith Nancy und St-André Elise und Turecki Gustavo und Lespérance Paul und Wisniewski Stephen (2011) The Efficacy of Omega-3 Supplementation for Major Depression: A Randomized Controlled Trial,
in: Journal of Clinical Psychiatry, 72(8), S. 1054-1062

Parkinson, Cyril Northcote (2005), Parkinsons Gesetz und andere Untersuchungen über die Verwaltung
Verlagsanstalt Handwerk, Düsseldorf

Pollmer, Udo und Warmuth, Susanne (2009), Lexikon der populären Ernährungsirrtümer: Mißverständnisse, Fehlinterpretationen und Halbwahrheiten von Alkohol bis Zucker, Aktualisierte Neuausgabe, 3. Auflage
Piper Taschenbuch, München

Riedl, Rainer und Schulenburg, Dirk (Hrsg.) (2011), Wichtige Rechtstexte des Gesundheitswesens
NWB Verlag, Herne

Servan-Schneider, David (2006), Die neue Medizin der Emotionen: Stress, Angst, Depression: - Gesund werden ohne Medikamente
Goldmann Verlag, München

Shapiro, Francine und Forrest, Margot S. (2007), EMDR in Aktion: Die neue Kurzzeit-Therapie in der Praxis, 3. Auflage
Junfermann Verlag, Paderborn

Singer, Peter (2000), Was sind, wie wirken Omega-3-Fettsäuren? 44 Fragen, 44 Antworten, 3., überarbeitete und aktualisierte Auflage
Umschau Buch Verlag, Neustadt an der Weinstraße

Spitz, Jörg (2011), Superhormon Vitamin D: So aktivieren Sie Ihren Schutzschild gegen chronische Erkrankungen
Gräfe und Unzer Verlag, München

Stiftung Warentest (2005), Fischölkapseln: Meer-Schutz fürs Herz, in: test 8/2005, S. 86-90

Vany, Arthur de (2012), Die Steinzeit-Diät: So kriegen Sie Ihr Fett weg - natürlich fit, schlank und gesund wie vor 200.000 Jahren, 2. Auflage
Börsenmedien - books4success, Kulmbach

Watzlawick, Paul (2005), Anleitung zum Unglücklichsein, Vom Schlechten des Guten: oder Hekates Lösungen, 14. Auflage
Piper Taschenbuch Verlag, München

Weltgesundheitsorganisation WHO (2005), Internationale Klassifikation psychischer Störungen, ICD-10 Kapitel V (F), Klinisch-diagnostische Leitlinien,
5., durchgesehene und ergänzte Auflage
Verlag Hans Huber, Bern

Worm, Nicolai (2009), Heilkraft D - Wie das Sonnenvitamin vor Herzinfarkt, Krebs und anderen Krankheiten schützt
Systemed Verlag, München

Wunderlich, Claus (2011), Energy-Hypnose, Hypnose professionell anwenden, Ein Lern- und Übungsbuch
Books-On-Demand, Norderstedt

Wunderlich, Claus (2014a), NLP fürs Internet, Perfekt online kommunizieren in Business, Privatleben und Coaching
Books-On-Demand, Norderstedt

Wunderlich, Claus (2014b), Schlank, fit und happy mit Vitamin D und Omega-3
Books-On-Demand, Norderstedt